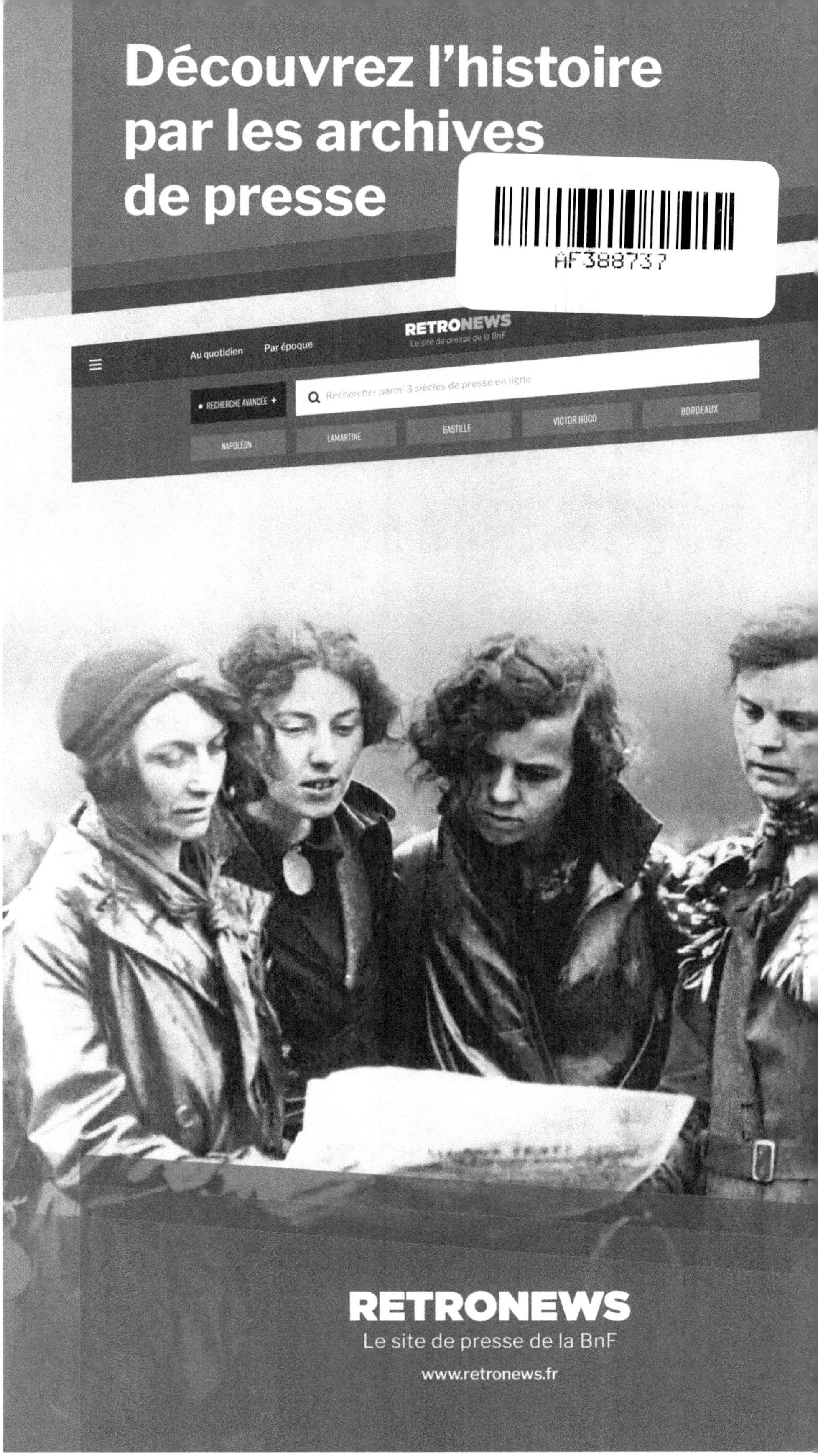

Découvrez l'histoire par les archives de presse

RETRONEWS

Le site de presse de la BnF

www.retronews.fr

3ᵉ Année. T. XXXII. N° 211. 15 Avril 1908.

L'ACTION FRANÇAISE

REVUE MENSUELLE

SOMMAIRE

PARIS

3, CHAUSSÉE D'ANTIN, IXe

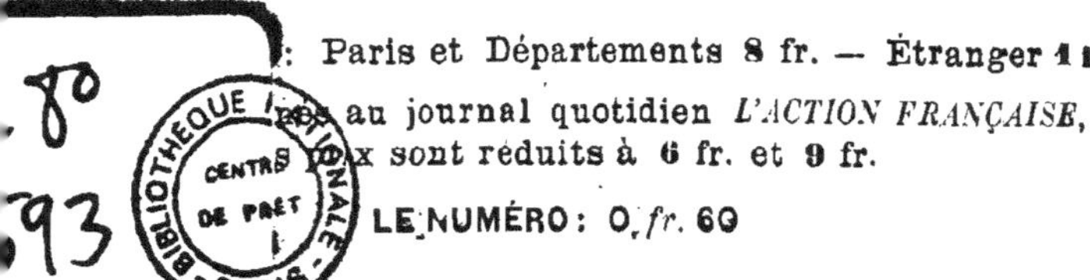

Abonnement: Paris et Départements 8 fr. — Étranger 11 fr.
Avec au journal quotidien *L'ACTION FRANÇAISE*,
les prix sont réduits à 6 fr. et 9 fr.

LE NUMÉRO: 0 fr. 60

L'ACTION FRANÇAISE

3, CHAUSSÉE D'ANTIN. PARIS IXe

Téléphone 326-49 — Adresse télégraphique ACTIOFRAN, PARIS

Henri VAUGEOIS, directeur.

L'*Action française* s'adresse au patriotisme, quand il est conscient, réfléchi, rationnel.

Fondée en 1899, en pleine crise politique, militaire et religieuse, l'*Action française* s'inspirait du sentiment nationaliste : son œuvre propre fut de soumettre ce sentiment à une discipline sérieuse.

« Un vrai nationaliste, posa-t-elle en principe, place la Patrie avant tout ; il conçoit donc, il traite donc, il résout donc, toutes les questions pendantes dans leur rapport avec l'intérêt national.

« Avec l'intérêt national, et non avec ses caprices de sentiment.

« Avec l'intérêt national, et non avec ses goûts ou ses dégoûts, ses penchants ou ses pugnances.

« Avec l'intérêt national et non avec sa paresse d'esprit, ou ses calculs privés, ou ses intérêts personnels. »

En se pliant à cette règle, l'*Action française* fut contrainte de reconnaître la rigoureuse nécessité de la Monarchie dans la France contemporaine.

Etant donné la volonté de conserver la France et de mettre par-dessus tout cette volonté de salut, il faut conclure à la Monarchie ; l'examen détaillé de la situation démontre en effet qu'une Renaissance Française ne saurait avoir lieu qu'à cette condition.

Si la restauration de la Monarchie paraît difficile, cela ne prouve qu'une chose : la difficulté d'une Renaissance Française.

Si l'on veut celle-ci, il faut aussi vouloir celle-là.

L'*Action française* voulait ceci et cela, elle devint donc royaliste. Chacun de ses numéros depuis lors, tendit à faire des royalistes.

Les anciens royalistes eurent plaisir à se voir confirmer, par des raisons souvent nouvelles, dans leurs traditions et leur foi.

Mais l'*Action française* visa plus particulièrement ces patriotes qui sont tout enlisés encore dans le vieux préjugé démocratique, révolutionnaire et républicain : elle dissipe ce préjugé anarchiste, et, du patriotisme rendu plus conscient, elle exprime et fait apparaître le royalisme qui s'y trouvait implicitement contenu. Beaucoup de républicains ont été ramenés ainsi à la royauté. Bien d'autres y viendront si l'*Action française* est mise en état de les atteindre et de les enseigner.

Au nom des résultats acquis, en vue des résultats possibles, l'*Action française* demande à tous les royalistes, anciens ou nouveaux, un concours ardent, dévoué, incessant.

INSTITUT D'ACTION FRANÇAISE

Conseil directeur : MM. Charles MAURRAS, Henri VAUGEOIS, Léon DE MONTESQUIOU

Secrétaire général : M. Louis DIMIER, agrégé de l'Université, docteur ès lettres

---

On trouvera dans nos bureaux le programme des cours et travaux de l'Institut pour la saison 1907-08

L'ACTION · FRANÇAISE

L'ACTION FRANÇAISE

DIXIÈME ANNÉE

TOME XXX DE LA COLLECTION

NOUVELLE SÉRIE. — TOME XXII

PARIS

3, CHAUSSÉE D'ANTIN, 3

1908

L'ACTION FRANÇAISE

LA SITUATION MILITAIRE AU MAROC (1)

I

Dans la séance de la Chambre des Députés du 23 février dernier, le Gouvernement a déclaré que la question marocaine ne comporte que trois solutions :

a) conquérir,

b) évacuer,

c) s'en tenir strictement aux stipulations de l'acte d'Algésiras.

Le Gouvernement entend se rallier à cette dernière solution.

Le « trilemme » est-il juste ? La question ne comporte-elle pas une quatrième solution qui procéderait des trois autres ? N'est-ce pas cette quatrième solution vers laquelle tendent depuis le début les efforts latents du Gouvernement ?

La chose mérite qu'on y regarde, car nulle question plus que celle du Maroc ne mérite de retenir l'attention du public et d'être l'objet de ses préoccupations.

(1) Nous aurons à publier bientôt, sur la situation diplomatique au Maroc, d'importants extraits d'une très intéressante conférence faite par notre ami M. Jabet au cercle d'*Action française* de Bordeaux. (N. D. L. R.)

Oh ! je sais... La direction des intérêts primordiaux du pays n'est pas le fait du public, foule ignorante, incompétente et versatile. Elle doit rester l'apanage d'une élite, d'une aristocratie de l'intelligence... (Voir le récent discours de M. Clemenceau pour l'inauguration de l'Obélisque du Luxembourg.)

Sans doute ; c'est même pour cela qu'est constituée cette élite de l'intelligence, du caractère et de la vertu qu'on nomme le Parlement.

Pourtant le public est qualifié aussi pour savoir où on le mène, car, si la République n'est pas un vain mot, le public c'est la Nation, donc c'est le Souverain.

Je sais aussi... Aujourd'hui, nous pouvons nous reposer sur une diplomatie vigilante, indépendante ; les favorites du Maître n'interviennent plus pour determiner les choix ; tandis que, nul ne l'ignore, les Ambassadeurs de la Monarchie furent parfois légers et frivoles. Soit ! mais derrière les Ambassadeurs il y avait le Roi, pour connaître, rectifier et décider, ses Conseils entendus.

Et en fait, pour avoir été recrutée parmi des gens de qualité, elle ne fit pas si mauvaise figure, cette diplomatie de nos Rois qui, du petit domaine d'Hugues Capet, fit et légua à la Révolution une France allant de Pignerol à Sarrelouis en passant par Strasbourg. Elle ne manquait pas d'une certaine allure, cette diplomatie qui, quinze ans après Waterloo, pouvait attacher à la Couronne de France ce dernier joyau, l'Algérie.

Aujourd'hui, non pas quinze ans mais trente-huit après Sedan, il n'en va point ainsi.

Certains de nos diplomates placent les intérêts de parti ou simplement les intérêts particuliers

au premier rang de leurs préoccupations et cela
au grand dommage des intérêts de la France
tout court. Il en est résulté des incidents déso-
bligeants.

Et comme le Souverain n'est plus là pour
redresser les erreurs et assurer la continuité des
intérêts traditionnels de la Nation, c'est à la
Nation devenue souveraine d'avertir ses mandataires, c'est-à-dire ses serviteurs, et de les remettre
en bon chemin s'il y a lieu.

Seulement, pour avertir et redresser, il faut
savoir; or la nation souveraine ignore tout. Le
Peuple-Roi ne connaît plus le « secret du Roi ».
Il n'est même pas bien sûr qu'il y ait un secret
du Roi quant à l'avenir du Maroc.

Donc, comme ses mandataires n'en savent pas
plus long et n'exigent pas qu'on les instruise,
c'est à la nation elle-même, c'est-à-dire à nous
tous qu'échoient 'le droit et le devoir de se ren-
seigner pour le mieux. Ce mieux est malheureu-
sement peu de chose. Essayons cependant.

II

Rappelons en quelques mots la configuration
géographique et la formation géologique du Maroc.

Le Maroc est à l'intersection du grand soulève-
ment Etna-Ténérife appelé l'Atlas et d'un soulè-
vement Nord-Sud qui, en formant Gibraltar, a
failli faire de la Méditerranée un lac.

Au centre est un massif dont les sommets at-
teignent 4.500 mètres, presque la hauteur du
Mont-Blanc (4.810 mètres). Ce massif est bordé au

Sud par des régions fertiles, Tafilelt ou Tafilalet et Oued Souss : au Nord il est séparé de divers massifs côtiers par une région de parcours assez facile, prolongement oblique de nos Hauts-Plateaux algériens, jalonnée par Oudjda et Fez ; à l'Ouest, un littoral arrosé par des cours d'eau nombreux et fertilisants, déversoirs des vents marins rencontrant la montagne ; mais, sur ce littoral, de mauvais mouillages. Un seul port de quelque valeur, Tanger, mais trop excentrique pour être utilisé dans des opérations à l'intérieur.

Donc, si nous supposons une situation idéale dans laquelle nous serions maîtres d'agir à notre guise et sans compter, la conquête du Maroc comporterait, par application des principes de Bugeaud sur la guerre de montagne dans l'Afrique-Nord, la série d'opérations suivantes :

Isoler le Maroc par l'occupation du Tafilelt et par le blocus ou l'occupation de certains ports en vue d'enlever tout espoir de fuite et d'entraver la contrebande de guerre ;

Organiser une base d'opérations sur la frontière algérienne par quelques embranchements sur la ligne d'Oran au Figuig ;

Séparer le massif central des massifs côtiers par l'occupation en force de la plaine de Fez ;

Attaquer les massifs l'un après l'autre par une série d'opérations comportant la même succession d'efforts à échelle plus réduite.

L'occupation du massif secondaire des Beni-Snassen, limité par la Molouïa, la plaine côtière de Port-Say et la plaine d'Oudjda, peut être citée comme le type du genre.

On remarquera que, pour la conquête de la Tunisie, on a procédé d'après les mêmes principes. Là les massifs sont beaucoup moins élevés, beaucoup plus divisés qu'au Maroc; la population n'est ni dense ni guerrière, et cependant il a fallu 50.000 hommes et un an d'efforts.

Donc, si on veut conquérir le Maroc, on peut admettre que c'est une centaine de mille hommes à mettre en mouvement. Alors, avec beaucoup de temps et d'argent, une situation forte et nette au dedans et au dehors, on en verra peut-être le bout.

Mais comme nous n'avons ni 100.000 hommes à distraire de nos maigres effectifs continentaux, ni surabondance d'argent, ni situation forte au dedans comme au dehors, il est bien inutile de s'arrêter à cette hypothèse quant à présent.

Aussi, lorsque le Gouvernement affirme n'avoir pas l'intention de procéder à la conquête du Maroc de vive force, on peut certainement le croire.

N'a-t-on pas eu cette intention avant la convention — j'allais dire la capitulation — d'Algésiras, c'est possible. Il y a eu, pendant plusieurs années, un travail de préparation discrète tant dans le Sud-Oranais que du côté de l'Amelik d'Oudjda, qui permettrait de le supposer.

Faut-il parler de l'évacuation pure et simple ? Il ne saurait guère en être question maintenant.

Le Gouvernement déclare que ce serait passer la main à quelque autre puissance. Ce n'est pas sûr pour le moment, car nous sommes un exemple qui prête à réfléchir : démolir une flotte, immobiliser un gros corps de débarquement, et cela pour des profits aléatoires, voilà un engrenage peu engageant.

En réalité, si nous ne pouvons pas évacuer, c'est pour une raison beaucoup plus immédiate.

L'événement aurait une répercussion telle dans
le monde musulman qu'il faudrait mobiliser plus
de troupes en Algérie que nous n'en avons autour
de Casablanca. On peut en juger par l'effervescence
signalée déjà en Oranie.

III

Puisque nous ne voulons ni conquérir ni évacuer le Maroc, force est donc, dit le Gouvernement, de s'en tenir aux termes de la convention
d'Algésiras.

Or quels droits militaires nous donne cette convention?

1º Une certaine liberté d'action sur notre frontière algérienne, liberté définie déjà par le traité
avec le sultan du Maroc qui suivit la bataille d'Isly
et que nous devons à la Monarchie c'est-à-dire
droit de police sur la frontière, droit de poursuite
des dissidents ou des maraudeurs sur le territoire
marocain.

C'est en vertu de ces droits que nous avons
organisé l'expédition récente contre les Beni-
Snassen qui avaient attaqué nos troupes et violé
notre territoire.

C'est encore en vertu de ces droits spéciaux que
nous entretenons maintenant un agent diplomatique à Oudjda et que nous avons installé sur ce
point une garnison que l'on peut, dans une certaine mesure, assimiler à une escorte.

2º Constitution et entretien de forces de police
par nous, seuls ou conjointement avec les Espagnols, dans un certain nombre de ports ouverts
au commerce européen, tel Casablanca.

Or, à Casablanca, l'été dernier, éclatent des

troubles sur lesquels nous jugeons inutile de revenir en détail. Nous les résumerons sommairement.

Des Européens sont massacrés; à défaut de la
fameuse police encore incréée, nos croiseurs
débarquent une poignée d'hommes; on occupe la
ville, des troupes sont amenées d'Algérie en
grande hâte, un petit contingent espagnol se joint
à elles.

Ce n'est encore qu'un incident dont notre Gouvernement cherche à atténuer la gravité. Son
chef ne juge même pas nécessaire d'interrompre
sa cure d'eaux de Carlsbad.

Mais voilà que les tribus voisines s'échauffent;
elles viennent harceler nos troupes jusque dans
leurs bivouacs sous les murs de Casablanca. Il
faut se donner de l'air, dégager la petite banlieue.

Le général Drude qui commande ces troupes,
officier prudent, expérimenté, rompu à la tactique
habituelle des Arabes, commence une série d'opérations proportionnées à l'effectif, cinq à six mille
hommes, dont il dispose.

Ces opérations se maintiennent dans un rayon
d'une journée de marche aller et retour. Rien de
plus sage, voici pourquoi.

Casablanca est dans une plaine légèrement
mamelonnée, ne présentant guère de points d'appui. L'air est souvent saturé d'humidité, d'où
risque de brumes froides le matin, de buées chau-
des plus tard, ce qui arrête la vue, gêne le tir à
distance, annihile la supériorité de notre arme-
ment.

L'adversaire a une cavalerie mobile, audacieuse,
fanatisée, opérant sur un terrain propre à son
action.

Il faut donc éviter les petits détachements,

n'employer que les formations genre Isly: carrés, losanges, échelons à flanquement mutuel; il faut éviter les poursuites séduisantes qui ont pour scène finale l'embuscade ou le retour offensif genre Horace-Curiaces.

Si l'on s'avise de pousser trop loin, il faudra se surcharger de vivres ou amener un convoi et son escorte; puis, l'étape finie, s'arrêter, se couvrir, multiplier le fractionnement d'un effectif déjà faible, augmenter les risques de chaque fraction, courir la chance de voir l'ennemi surgir sur les derrières, hors de portée des canons de l'escadre.

On conçoit donc que le général Drude, vieux routier, ait en définitive formé un râteau dont le pivot était à Casablanca, la limite d'action à 20 kilomètres au plus de la ville et qu'il ait en quelque sorte râtissé la banlieue de son port d'attache jusqu'à ce que les Marocains, degoûtés de recevoir des coups sans arriver à mordre, soient allés s'installer plus loin.

Or, où pouvaient-ils s'installer, se reconstituer, se grossir et vivre?

Si l'on examine une carte rudimentaire de la région de Casablanca, on trouve, dans un rayon d'une quarantaine de kilomètres, une série de *beir* et une série de *souq*, qui indiquent, les uns des points d'eau, les autres des marchés (*souq-el-tnine* le marché du lundi; *souq-el-djemmaa*, le marché du vendredi, etc.). On trouve aussi des *kasba*, c'est-à-dire des points plus ou moins défendus par des bâtisses fortifiées.

Tous ces points, la science toponymique l'indique, sont situés là où ont lieu les échanges entre les gens de plaine et les gens de montagne.

C'est donc là que devaient se former les ras–

semblements des contingents des tribus hostiles
tenues en respect par les promenades menaçantes
du général Drude. Mais les promenades sans but
apparent pour le soldat ont un inconvénient. Si,
à ce métier, les troupes s'entraînent, elles s'éner-
vent aussi. Le moral en souffre et le physique
suit. Il faut à un moment donné lâcher la bride,
faire mordre et revenir.

Le général Drude y songeait. Mais lui aussi
commençait à s'énerver. Ce n'est pas impunément
qu'aux fatigues physiques, à l'effet d'un climat
malsain, viennent s'ajouter les préoccupations mo-
rales que cause chaque nuit la sonnette radio-élec-
trique de la Tour Eiffel.

Suivant la température du Palais-Bourbon, le
général marchait trop ou ne marchait pas assez,
outrepassait ses instructions ou se tenait trop en
deçà. Et puis, à côté de ces admirables officiers de
l'Etat-Major régulier et des corps de troupes qui
peinent, pataugent et combattent (cela se dit *tur-
biner*), il y a les ardélions aimés des dieux qui,
venus pour justifier la faveur promise, veulent
bien rester quelques semaines à la peine, mais
non davantage, et qui appellent de leurs vœux,
provoquent à Paris et pressent à Casablanca, l'opération guerrière après laquelle ils pourront s'en
aller nantis.

Bref, le général Drude, absolument libre de ses
mouvements à condition que son diapason fût
rigoureusement accordé avec le luth gouvernemental, se décida à passer la main.

IV

Or, voilà qu'un personnage nouveau était entré
en scène : Moulaï Hafid, le frère de cet Abd el Aziz

que l'on appelle le sultan du Maroc. Moulaï Hafid s'est proclamé sultan, il prêche la guerre sainte contre les infidèles, il tient dans le Sud du Maroc. Abd el Aziz tient dans le centre, à Rabat, dans le voisinage de nos bateaux protecteurs et de nos banques prêteuses.

Il y a en outre le Rogui qui opère dans le Nord. Lui aussi s'est proclamé sultan du Maroc : cela ne coûte rien,

Il y a encore un autre détrousseur plus modeste, le Valiente, qui rôde dans la région côtière, mais qui réellement n'oserait se dire sultan : « Sultan ne puis, caïd ne daigne, brigand suis ».

Enfin il y a notre vieille connaissance, le Bou-Hamama de 1881, qui se promène au Sud d'Oudjda attendant l'occasion de nous jouer quelque tour.

Pour mémoire, un demi-quarteron de *cheurfa*, de *nabi*, de prophètes, qui prêchent pour l'un ou pour l'autre : plutôt pour l'autre, c'est-à-dire pour Moulaï-Hafid.

Ce dernier est campé au Sud de Casablanca. Il voudrait rejoindre son frère installé au Nord, non pour l'embrasser, mais pour le battre et se faire proclamer à Fez. Ce déplacement doit l'amener dans la région où le général Drude méditait de lancer un coup de poing. En homme prudent, Moulaï Hafid prépara sa marche en avant en organisant une flanc-garde de tribus révoltées dans cette région dont le centre est la kasba Mediouna.

Cette kasba devient le point de mire de Casablanca. On la prendra, on la détruira et cette leçon redonnera du lustre à nos armes, un peu ternies par les fastidieuses opérations dans la plaine boueuse.

Pour mener à bien cette attaque, on décide à Paris qu'on enverra un nouvel officier général, une énergie neuve, une santé intacte.

Mais le général Drude, apprenant qu'à Paris le vent s'est orienté vers la kasba, qu'on peut enfin dépasser le 20ᵉ kilomètre sans être foudroyé par une onde hertzienne, que d'autre part, l'occasion s'offre bonne de tomber sur les Marocains qui se croient en sécurité, fait rassembler les troupes et monte à la kasba Mediouna que les Marocains surpris abandonnent.

Après quoi le général Drude vient recevoir le général d'Amade au bateau. Le chef d'hier et le chef d'aujourd'hui s'embrassent et Drude, après un crochet sur Paris où il fait grand froid, s'en retourne commander une brigade dans cette Algérie où s'est accomplie sa carrière et où il a appris à connaître les hommes et les choses.

V

Le général d'Amade est un officier général jeune, intelligent, ayant beaucoup vu. Il a été partout : au Tonkin, en Chine, au Transvaal, en Vendée. Il peut donc connaître ce qu'est la guerre de rizières, la guerre de légations, la guerre de positions, la guerre d'inventaires.

Il a vu au Transvaal un peuple de pasteurs comme les Arabes, mais de pasteurs qui ne connaissent que la défensive. Bons tireurs, froids, inertes, les Boers s'installent sur une position, criblent de balles l'imprudent qui s'y frotte, puis, lorsque l'adversaire, tranquillement, hors de portée, aura manœuvré pour tourner la position, les Boers s'en iront non moins tranquillement pour recommencer ailleurs. Et cela aurait pu durer longtemps si les Anglais ne les avaient submergés avec des forces décuples.

A Casablanca, le général d'Amade va apprendre un autre genre de guerre. Ici, au contraire, l'adversaire est fluide, ne résiste pas, mais se dérobe, se reforme, revient, menace les ailes et les derrières, enlève les isolés. Il sait qu'on ne le submergera pas sous le nombre, qu'on n'ira pas bien loin dans son pays : on a pris soin de l'en prévenir par toutes les voix de la Renommée.

Si on arrive chez lui en force, il se soumet... jusqu'à ce qu'on s'en aille. Si on lui prend une partie de ses troupeaux, il mène le reste plus loin et puis : *Oumm er r'enem mâ mat che*, la mère des moutons n'est pas morte.

Si on lui brûle son gourbi, la brousse ne coûte pas cher. D'ailleurs, brûler les gourbis, quel accroc aux décisions de la conférence de la Haye : « les belligérants ne doivent pas porter atteinte à « la propriété privée »! On a brûlé les fermes des Boers, soit ; mais des gourbis marocains, quelle horreur !

Le général d'Amade aura de quoi s'instruire au Maroc : d'abord il y mettra en pratique la vieille fable arabe, « le taureau et les moucherons ».

VI

Donc le voilà à Mediouna à la place du général Drude.

Quand on tient un débouché de montagne, il est bon aussi de tenir les autres dans le voisinage. Sans cela on risque d'être pris par derrière Alors, en avant pour Beir-Rechid et Settat! Là, ça grince ;

on s'y reprend à plusieurs fois. On a razzié des troupeaux à « Mohammed » et « Mohammed » n'aime pas cela. Il vient reprendre le butin avec le concours des contingents hafidiens.

On est obligé de changer de tactique, car on aborde la partie montagneuse. En plaine, il faut faire le hérisson ; en montagne, il faut faire le serpent et, si le serpent est trop long, la queue n'arrive pas au secours de la tête. On en vient donc à multiplier les colonnes, à converger vers quelque nœud de communications, vers quelque tête de vallées. Ici on choisit la kasba d'Abd-el-Kerim.

Seulement, — la mathématique nous l'enseigne, — pour faire converger des lignes droites ou à peu près, il faut les faire partir de points différents : cela s'appelle établir une base. Or, Casablanca n'est pas une base, puisque c'est un point. Partant d'un point, les efforts sont divergents. Pour les rendre convergents, on choisit un deuxième point : Fedhala.

Evidemment il y a eu des raisons militaires pour déterminer le choix de Fedhala.

Mais il y eu peut-être aussi une entente cordiale entre les intérêts militaires et les intérêts privés ; car une société anglo française, qui s'est fait donner des concessions importantes un peu partout au Maroc, possède à Fedhala des terrains et, d'après l'emplacement indiqué sur les prospectus d'émission, ces terrains pourraient peut-être avoir leur utilité pour une garnison. On a pu vouloir sauvegarder ces propriétés franco-anglaises.

Quoi qu'il en soit, trois colonnes principales se mirent en route pour converger sur le pays Chaouia et faire leur jonction vers Abd-el-Kerim,

La convergence des colonnes, c'est parfait sur

le champ de bataille; cela réalise ce qu'on appelle l'*enveloppement tactique*.

La convergence des colonnes loin du champ de bataille, cela peut réussir si chaque colonne a la supériorité, numérique ou autre, sur les forces adverses enserrées dans la tenaille.

Mais pour le massif Chaouia la situation est différente. Ce massif n'est pas nettement délimité, on ne peut donc l'isoler sans de gros effectifs. On ne sait pas exactement la force des contingents qui s'y meuvent.

Dans ces conditions, la convergence des colonnes partant de points de départ éloignés, ce qu'on appelle l'*enveloppement stratégique*, expose au risque classique : si l'adversaire est vigilant, mobile, audacieux, il concentre ses forces et ses efforts sur une seule colonne ou sur chaque colonne successivement.

Ainsi en fut-il. La colonne partie de Fedhala subit un échec. Une autre colonne, sur la droite, fut assez houspillée. L'opération échoua.

Le 28 février, le général d'Amade recommença. Il concentra ses forces à Mediouna et pénétra chez les Mdakra. Cette fois on forma le serpent. Mais le serpent était trop long La tête subit de fortes pertes et il fallut renoncer à occuper le pays Chaouia. On se rabattit vers le Nord

Ainsi on en revient au râteau du général Drude; on a allongé le manche, voilà tout.

Si on veut avancer, il faudra renforcer le corps expéditionnaire et fortement, car les lignes d'opérations s'allongeant, il y aura à les garder.

On envoie déjà 2 bataillons sénégalais; ils sont nègres, ne sont pas électeurs; les familles ne réclameront pas. D'autres suivront, on peut le croire.

Au reste, une fois les gens du Chaouia domptés, cela recommencera plus loin ; il n'y a pas de Molouïa derrière. Plus on avancera, plus on donnera du nez sur la montagne.

Si cela doit continuer ainsi, mieux vaut carrément transporter la guerre à l'Est du Maroc, où nos réserves de troupes algériennes, nos chemins de fer, nos ressources de toute espèce permettront de constituer une base plus solide qu'une méchante bourgade côtière desservie par un affreux mouillage où nos navires jettent des millions à l'eau.

Et puis, là, on peut raisonnablement garder un gage, une compensation à nos coûteux efforts. Ici, rien, sinon l'honneur de protéger le cabotage étranger.

Quant aux soumissions, parlons-en! Un jour, en Afrique, le fils d'un caïd des Sendhacen venait faire sa soumission. C'était un jeune guerrier de belle mine et de fière allure. Je l'interrogeai : « Pourquoi viens-tu? — Tu as cogné, Dieu est avec toi. *Enta dherebt, Allah ma'k.* — Et si Dieu cessait d'être avec nous demain? — C'est nous qui cognerons! *Ndhrobou, in châ Allah!* » Voilà comment il faut entendre les soumissions.

VII

En tout état de cause, il se peut qu'un accord secret avec l'Allemagne, joyeuse de nous laisser nous enferrer, permette à la France de hannetonner autour de Casablanca. Mais il est manifeste que nous sommes absolument en dehors des clauses de l'acte d'Algésiras.

Nous avons le droit et le devoir d'assurer la

police à Casablanca· concurremment avec les Espagnols : c'est tout.

Or, nous guerroyons avec six ou huit mille hommes aujourd'hui, avec dix à quinze mille demain peut-être, en poussant à plus de 80 kilomètres de Casablanca. Cela n'a aucun rapport avec de la police urbaine ni même suburbaine.

On nous dit : « Mais on venait tirer des coups de fusil jusque sous les murs de la ville. » Je répondrai par une anecdote toute personnelle.

Il y a longtemps déjà, j'étais, à Melilla, un des presidios espagnols de la côte Nord du Maroc. ·Assis sur le balcon du cercle militaire, j'écoutais une musique militaire qui jouait sur la place, en devisant avec un camarade de l'armée espagnole. L'officier me dit : « C'est égal, l'an dernier nous n'aurions pas pu humer ici ces excellents sorbets. — Et pourquoi? — Parce que nous aurions reçu des coups de fusil. — D'où donc? — De là. » Et il montrait la plaine par-dessus le rempart assez proche. — « Et maintenant? — Maintenant, voyez. » — Et je vis une ligne d'ouvrages tout neufs construits à 1500 mètres de la place.

Hé bien ! si nous ne sommes pas des fous, c'est là qu'il faudra en venir tôt ou tard pour Casablanca.

Plus loin nous irons, plus de monde nous enverrons, plus la reculade, de quelque prétexte qu'on la colore, sera peu reluisante aux yeux des Marocains.

C'est toujours à Casablanca et dans sa petite banlieue qu'il faudra revenir et s'enfermer avec la certitude de n'avoir pas de rappel imprévu aux clauses d'Algésiras.

Dès lors, pourquoi dépenser des millions et des millions à battre le bled Chaouia, puisqu'avec une dizaine de blockhaus armés d'une mitrailleuse, reliés par des réseaux de fils de fer et soutenus par trois ou quatre ouvrages sommaires comme réduits de secteur, on peut voir le bout de l'aventure de Casablanca.

« Mais l'honneur du drapeau engagé ! » Laissez donc ! il n'y a d'engagés que des capitaux. S'il s'agit de sauver la face, le gouvernement ne sera pas embarrassé. Les Marocains n'ont pas de journaux pour répliquer. Qu'on donne un tour de vis à la rubrique « soumissions ». Je lis d'ici :

« Le général d'Amade annonce que la région « du Chaouia est complètement pacifiée. De nom- « breux notables font leur soumission. Les vivres « arrivent en abondance. Les derniers dissidents « ont fui dans la montagne. Dans ces conditions, « pour ménager la santé de nos vaillantes troupes « et pour concilier l'humanité avec la stratégie, « on a décidé d'évacuer et de supprimer les « postes de... de... et de... Nos troupes rentrent « à Casablanca. »

« Mais nous serons bloqués dans Casablanca ! » Ni plus ni moins que les Espagnols à Melilla où ils sont chez eux.

Si des bandes viennent rôder à portée de nos blockhaus, si des malandrins viennent dans la brume s'empêtrer dans les fils de fer, on saura les dégoûter de ce jeu. Ils recevront des coups, d'abord des blockhaus et puis des tribus voisines qui se lasseront de ne plus pouvoir commercer en sécurité.

Plus tard on verra à remplacer la petite garnison franco-espagnole par une garnison hispanofrançaise décorée du nom de police et commandée par un Suisse. Au lieu de payer directement nos troupes, nous paierons et la garnison de police et le bon Suisse par l'intermédiaire du gouvernement marocain en lui prêtant de l'argent à cet effet. Il suffit de s'entendre sur la valeur des mots.

Voilà la solution logique si l'on veut, comme le prétend le Gouvernement, s'en tenir aux termes de l'acte d'Algésiras.

Or, cette solution logique, inéluctable, le gouvernement semble vouloir l'éloigner.

Nous n'en sommes pas à nous dégager du côté de Casablanca. Nous paraissons plutôt nous y engager plus à fond. Tout fait présager que la brigade d'Amade y deviendra bientôt division en attendant mieux.

VIII

Où veut-on deux nous mener ?

Ni évacuation, ni conquête, c'est entendu. L'acte d'Algésiras : nous en sommes loin dans la pratique.

Alors? — Alors c'est la 4ᵉ solution, celle dont le gouvernement ne parle jamais pour y penser toujours; celle qui fut l'idée première de certains porteurs de maroquin (ou de marocain, comme on voudra); celle que l'on a décorée du nom de « Persification » du Maroc. C'est la *pénétration pacifique*, avec le consentement tacite des principaux convives d'Algésiras, cette vieille pénétration pacifique dans les poches du bon Français un peu myope, afin d'en faire jaillir l'or qui fécondera le sol marocain, en extraira les richesses pour le plus grand profit de la civilisation en général et des sociétés franco-quelque-chose en particulier, y introduire enfin, sous des noms variés, la fleur de notre armée. ·

Les six ou huit mille hommes de Casablanca et annexes, mais ce sont des « forces de police ». Certains prospectus permettent déjà de deviner quels sont les points où les « forces de police » deviendront à bref délai indispensables. Les terrains concédés sont tout indiqués pour construire des casernements.

A l'intérieur, les agents diplomatiques réclameront des « escortes ». Il y a deux ou trois mille « gardes du corps » à Oudjda. Peut-être y en aura-t-il le double un jour à Fez.

Le « droit de suite » nous permettra d'installer sept à huit mille « suiteurs », hier chez les Beni-Snassen, demain chez les Beni-Guil peut-être.

Nous verrons peut-être aussi un jour des bataillons des « garde-mines ».

Dans son principe, l'idée est ingénieuse, mais dans son application elle est dangereuse parce qu'elle met trop d'intérêts en opposition.

Un jour viendra où les accords tacites ne pourront prévaloir contre ces intérêts exaspérés et une réclamation sèche et impérative surviendra au moment où nous serons le plus empêtrés. Cela peut nous mener loin. Voulons-nous y aller? Si c'est non, remuons-nous, réclamons, il n'est que temps. Si c'est oui, très bien : allons-y !

ERKEB.

ENNEMIS ET ADVERSAIRES

*Le groupe de la ligue d'Action française de
Noyon a tenu sa réunion mensuelle le dimanche
22 mars 1908.*

*Le président du groupe, M. Hanquez, a tout
d'abord fait part à ses amis de la naissance,
attendue et désirée d'eux tous, du journal quotidien l'*Action française*, dont le premier numéro
a fait son apparition le jour même du printemps
et qui, par ses abonnés et ses acheteurs au numéro,
recrutera certainement un nombre de lecteurs
de plus en plus considérable.*

*Lecture a été faite en séance de l'article-pro-
gramme du nouveau journal — Le Nationalisme
intégral — et la sagesse, le calme et la force de
cet exposé des doctrines de [l'*Action française *a
fait sur l'esprit des auditeurs une impression
profonde, qui sera partagée par tous ceux qui
en prendront connaissance et qui voudront bien
y réfléchir.*

*On y voit que, comme le disait Rouvier, — la
France se dissout, — mais on y voit aussi et la
cause et le remède du mal qui la dévore. A tous
les patriotes de comprendre et d'agir.*

*Le président du groupe adressa ensuite à ses
amis quelques réflexions de nature à les aider
à discerner clairement les raisons de leurs con-
victions et à réfuter sans peine les objections qui
pourraient leur y être faites.*

I. Ennemis.

Vous et la France, leur dit-il, vous êtes entou-
rés d'ennemis et vous en avez de toutes les
sortes : parmi ceux, d'abord, avec lesquels vous

êtes sur tout en opposition absolue; parmi ceux,
ensuite, avec lesquels vous êtes d'accord sur
tout, sauf sur un point — sur le régime politique
qui convient à la France, — et qui devraient être
vos compagnons de lutte les plus fidèles, au lieu
d'être les obstacles les plus invincibles à votre
action bienfaisante.

Est-ce que *le gouvernement* n'est pas votre
ennemi? Est-ce que chacun de ses membres ne
semble pas prendre à tâche de faire exactement le
contraire de ce que vous êtes en droit d'attendre
de lui et de ce à quoi il semble destiné par la part
même du pouvoir qui lui est échue?

Le Président de la République, tout le premier,
ne se sert du peu d'autorité qu'il possède en propre,
son droit de grâce, que pour arracher les Soleilland
à la peine de mort, malgré les vœux pressants de
presque tous les jurys de France.

Le chef du cabinet fait la guerre au Maroc sans
avoir daigné consulter les Chambres. Nos officiers
et nos soldats s'y font tuer en combattant on ne
sait pour qui ni pour quoi et si, par hasard, les
députés s'insurgeaient, ils entendraient encore
une fois ces deux mots qui disent de quels trafics
leurs votes sont l'objet : *donnant, donnant!*

Le ministre des cultes, au lieu de protéger les
cultes, comme c'est son devoir et sa fonction, ne
songe qu'à les dépouiller et à les détruire, et ce
même ministre, comme ministre de la justice, ne
vise qu'à empêcher les magistrats de rendre les
arrêts que leur dictent la loi, leur conscience et
leur science du droit. Il est vrai que cet ancien condamné pour outrage public à la pudeur propose
aux Chambres des lois pour la répression de l'immoralité par l'image !

Le ministre des finances ne pense qu'à extirper aux contribuables jusqu'à leurs dernières ressources et à réaliser l'égalité des Français dans la misère.

Les ministres de la guerre et de la marine laissent dépérir entre leurs mains l'armée et la flotte, ces deux sauvegardes de l'indépendance nationale.

Le ministre des travaux publics poursuit avec acharnement le rachat du réseau de l'Ouest, qui doit être une opération aussi détestable pour les finances de l'Etat que pour le commerce qui n'a cessé de protester contre elle, mais qui créera une nouvelle armée de fonctionnaires forcés de soutenir le gouvernement; et on dirait qu'il fait tous ses efforts pour aggraver la crise de l'automobile par des réglementations draconiennes.

Le ministre du travail est le ministre du chômage et il impose aux patrons des sacrifices ruineux pour satisfaire aux réclamations des grévistes, même si elles sont excessives, car il faut encore une fois sauver la République à la veille des élections municipales.

Le ministre de l'instruction publique, loin de faire respecter la neutralité de l'école, y tolère un enseignement irréligieux, antimilitariste et antipatriotique.

Et, pas plus que ceux-là, les ministres sur lesquels je passe ne nous rendent dans leur spécialité les services pour lesquels ils sont institués.

Et *les Chambres*, direz-vous qu'elles ne sont pas vos ennemies?

Est-ce que le pays demandait la loi de séparation et n'a-t-il pas montré maintes fois combien elle lui répugnait?

Est-ce qu'il demandait l'impôt sur le revenu,

instrument de misère et de guerre civile, contre lequel les protestations les plus véhémentes n'ont cessé et ne cessent de s'élever de tous les points de la France : pétitions portant des millions de signatures, mémoires des chambres de commerce, rapports des comités d'agriculture? Ni ministres, ni parlement n'en tiennent aucun compte.

Et le *parlementarisme* n'est-il pas aussi votre ennemi? Voyez ce qu'il permet.

Le gouvernement a pris les biens des congrégations et de l'Eglise, en attendant qu'il nous prenne les nôtres à tous. Il a pris jusqu'à ceux des morts et il a osé dire : « Nous ne sommes pas de malhonnêtes gens, puisqu'il y a une loi qui nous autorise à faire ce que nous faisons. » Mais qui donc a fait cette loi, sinon lui-même? Qui y a associé le parlement, en contraignant les uns par les menaces, les autres par les faveurs? Et d'ailleurs qu'est-ce qu'une loi qui ne repose ni sur la justice, ni sur l'honnêteté, ni sur l'égalité de tous, *tous*, devant elle? Jamais un pareil acte de basse légalité ne peut prévaloir contre la loi naturelle, contre la loi divine. Or, ces deux lois s'accordent pour dire : le bien d'autrui tu ne prendras.

Je voudrais pouvoir m'abstenir d'une application de ces principes à notre cité; ma conscience ne me le permet pas. Voyez où l'immoralité des pouvoirs publics amène d'honnêtes populations. Il y a déjà chez nous deux cents commerçants qui ne se révoltent pas à l'idée que leur ville accepte, sinon sollicite, la dévolution des biens volés, légalement ou non, peu importe, à la caisse diocésaine des séminaires; qui demandent qu'on installe dans les bâtiments du petit séminaire un collège ou tout autre établissement similaire dont la clientèle leur fasse récupérer les pertes que leur a causées le départ de l'établissement où presque tous ont été élevés ; qui demandent de plus à devenir les fournisseurs de ce collège, pour que l'opération leur soit du plus grand profit possible. Eh ! bien non ! Quand un bien a été volé à qui que ce soit, il doit être restitué à ceux à qui il a été pris. Il n'est pas permis d'en faire ou d'aider à en faire un autre emploi sans se rendre complice du vol commis.

Voilà ce que la République fait de l'honnêteté générale ! Et vous ne crieriez pas : à bas la République ? Mais voyez donc à quelles compromissions elle vous entraîne insensiblement !

Pour qu'on puisse invoquer l'autorité d'une loi, il faut que cette loi soit juste et même quand on se soumet à la loi du nombre, la loi votée par la majorité des députés $+1$ ne peut être juste que si elle représente en même temps la moitié des électeurs $+1$. Mais jamais il en a été ainsi depuis notre République actuelle et la législature qui a représenté le plus d'électeurs n'en a représenté que 47 %, ce qui équivaut à dire que la loi n'a jamais été faite que par la minorité.

Et que d'autres iniquités !

Telle circonscription du Midi a un député et une voix au parlement pour 4.000 électeurs, telle circonscription du Nord n'en a ni plus, ni moins, pour 30.000 électeurs. N'est-ce pas absurde ?

Il y a mieux. Tout vote proclamé est censé acquis bien que sa fausseté soit ensuite démontrée. C'est ainsi que la République a été proclamée votée à une voix de majorité, tandis qu'en réalité elle était en minorité de 3 voix et que c'est la Royauté qui avait obtenu la majorité. Il

y a quelques jours à peine on proclamait votée à
31 voix de majorité une disposition de la loi de
l'impôt sur le revenu relative aux bénéfices agri-
coles ; et, vérification faite, il a été établi qu'elle
était réellement en minorité de 20 voix. Mais le
vote était acquis, comme pour la République.
N'est-ce pas de l'escamotage, ou mieux de l'escroquerie ?

Quand les députés honnêtes ont voulu que de
pareilles monstruosités fussent interdites, ils ont
trouvé chez les autres une résistance invincible et
c'est par 100, 50, 20 députés que 581 bulletins,
comme hier, sont déposés dans les urnes pour
sanctionner ces infamies. Il n'y a que lorsqu'il
s'agit de se voter 15.000 francs de traitement an-
nuel ou de scandaleuses retraites que tous les députés sont présents. On ne pense pas au pays, on ne
songe qu'à soi et on vend sa conscience : *donnant donnant !*

Voilà ce que c'est que le parlementarisme et
vous en savez assez maintenant pour être en état
de le montrer à quiconque.

Un autre de vos ennemis c'est :

— Le Juif —

La trahison de l'enseigne Ullmo, après celle de
Dreyfus, que la Cour de cassation n'a pu innocen-
ter qu'en falsifiant l'article 445 du code d'instruction criminelle, les prétentions spéciales de Joseph
Reinach à une loi personnelle pour sa réintégra-
tion dans l'armée, ont rappelé l'attention générale
sur le juif.

Qu'est-ce donc que le juif ? (Voir le Mis de la
Tour du Pin — *Vers un ordre social chrétien.* —)

Le juif est un membre de la nation juive, nation spéciale, sans territoire, sans gouvernement apparent, composée d'unités reliées assez étroitement entre elles par leur religion et ses rites particuliers, par leur conception spéciale de la famille et de la propriété, pour qu'il n'y ait pas, malgré sa dispersion, de nation plus une que celle-là.

Toute sa religion se borne à *la promesse* faite par Dieu à son peuple élu de faire naître de lui un messie qui réduirait toutes les nations sous le sceptre d'Israël. La religion juive est donc une rupture avec le genre humain tout entier et avec toutes les religions, mais il en est une qu'elle a forcément en haine suprême et c'est la religion du Christ; car si la religion juive n'a jamais entendu la promesse que dans le sens charnel, le christianisme la lui dispute en l'interprétant dans le sens spirituel.

La famille est, pour le peuple juif, *l'instrument de la promesse* et il la conserve dans toute sa pureté en repoussant toute alliance étrangère. Aussi partout où il y a des juifs, on distingue des habitants autochtones la colonie juive qui a sa vie propre de parasite humain à côté de la leur.

La propriété est pour le peuple juif *l'accomplissement de la promesse*. Aussi lui semble-t-il tout naturel de s'approprier tout ce qu'il peut des biens des autres peuples par l'usure et par la spéculation universelle, que la dispersion universelle de ses colonies et de ses membres, parfaitement unis entre eux cependant, leur rend plus facile qu'à qui que ce soit.

Il est donc établi :

1° Que les juifs sont restés une nation;

2° Que cette nation est persuadée que l'empire du monde lui appartient ;

3° Qu'elle n'a moyen de la réaliser que par la corruption des esprits, qui amène la décomposition sociale, parce que, du jour où chez un peuple tout se vend et s'achète, le juif en est le maître.

Il est donc nécessaire :

1° De traiter les juifs comme des étrangers et des étrangers dangereux, qu'il s'agisse du juif crasseux et misérable ou de l'israélite opulent, car s'ils diffèrent de nom, leurs sentiments sont les mêmes ;

Il faut les exclure des fonctions publiques, auxquelles leur nombre infime ne leur donne aucun droit et qu'ils ne savent exercer qu'abusivement, eux simples naturalisés, contre les véritables Français ;

Leur interdire toute manifestation de leurs idées subversives des nôtres, quant aux croyances, aux traditions, aux institutions, aux mœurs qu'ils n'ont qu'à respecter puisqu'ils sont nos hôtes ;

2° De reconnaître et d'abjurer toutes les erreurs philosophiques, politiques et économiques dont ils nous ont empoisonnés ;

Et pour cela il faut prendre le contre-pied de la Révolution et regarder comme indispensable la restauration et la reconnaissance publique de la religion catholique et sa mise en pratique ;

3° De reconstituer, dans l'ordre économique comme dans l'ordre politique, les organes de notre vie propre qui nous rendent indépendants des juifs et maîtres chez nous, ce qui entraîne :

La reconstitution de la famille chrétienne dirigée par son chef ;

La liberté de l'Eglise qui peut seule lui permettre de remplir sa mission d'enseignement des nations ;

Le rappel du Roi, qui est le seul moyen de soustraire le pouvoir aux compétitions des partis, pour le laisser vraiment à la nation, incarnée dans une dynastie.

Voilà ce qu'il faut faire, sinon le pays sombrera dans la révolution sociale au profit des seuls juifs et c'est bien le but qu'ils poursuivent, en faisant marcher contre l'Eglise et la Royauté les protestants et les francs-maçons, qui forment avec eux les trois colonnes du parti républicain, qui sont leurs instruments inconscients et qu'ils briseront à leur tour, dès qu'ils se croiront de force à le faire.

Vous avez encore bien d'autres ennemis. Je vous citerai parmi ceux avec lesquels il n'y a aucune entente possible :

— LES RÉVOLUTIONNAIRES (*nos nihilistes*) —

Le numéro du 20 mars de la *Guerre sociale* contient le programme détaillé de la prochaine commune. En voici un extrait :

« ... A la prochaine commune les révolution-
« naires, s'ils sont seulement les maîtres de la si-
« tuation 24 heures, feront flamber les titres de
« propriété de toutes sortes qui emplissent les
« études des notaires, des avoués, les greffes des
« tribunaux, les archives municipales et départe-
« mentales, les banques privées, sans oublier les
« registres de l'Etat civil, le grand Livre de la
« dette publique et les fiches anthropométriques
« de la préfecture de police... »

— Les francs-maçons —

Quelques citations empruntées à la *Gazette de France* du 24 décembre 1907 vont vous les faire connaître.

Le *Monde maçonnique* d'avril 1883 disait :
« Ce qui est vrai, c'est que les hommes impor-
« tants de la démocratie française ont fait en ma-
« jorité leur éducation dans les Loges.

« Ce qui est vrai encore, c'est que c'est nous qui
« avons combattu à travers les siècles la *supers-
« tition* (la religion catholique) et le *despotisme*
« (la monarchie chrétienne); c'est que c'est nous
« qui avons fait la Révolution française. »

Le bulletin du Grand-Orient de 1891 porte ceci
à sa page 433 :
« Nous sommes des sectaires qui veulent avant
« tout le salut de la République; quels que soient
« les moyens que nous emploierons pour la sau-
« ver, cette République, nous les trouverons
« bons. »

Clemenceau disait au grand Convent de France
le 2 avril 1882 :
« Si malgré ces mesures : suppression des
« congrégations, dénonciation du Concordat, laï-
« cisation générale des écoles et de tous les éta-
« blissements publics — le cléricalisme conser-
« vait encore quelques racines dans le pays,
« on pourrait, au nom du droit commun, les
« extirper à jamais, en rendant impossible l'exer-
« cice de la religion par l'application habile de
« quelques articles du Code pénal.

« Ainsi, en déclarant que la confession cor-
« rompt la jeunesse, on empêchera les derniers

« prêtres de remplir les plus importantes fonc-
« tions de leur sacerdoce.

« De même on les priverait de toutes res-
« sources en leur interdisant de recevoir des der-
« niers des fidèles aucune somme quelconque
« pour messes, baptêmes et autres cérémonies,
« attendu qu'il suffirait pour cela d'assimiler
« adroitement ces faits aux délits de tromperie et
« d'escroquerie.

« C'est pourquoi, en demandant simplement la
« séparation de l'Eglise et de l'Etat — formule
« excellente en ce sens qu'elle sera plus facilement
« acceptée — le parti républicain doit, en réalité,
« poursuivre la réalisation du but définitif plus
« efficace :

« *La suppression de l'Eglise dans l'Etat.* »

La situation ne comporte qu'une solution, une
seule : en finir avec la République, instrument de
règne de la maçonnerie.

Or, le Duc d'Orléans est le seul qui ait précisé
les termes du programme :

« *Séparation de l'Etat et de la maçonnerie.* »

Pour délivrer la France, pour affranchir l'Eglise,
il n'y a donc, pour tous ceux qui veulent ce résul-
tat, qu'à se décider à accepter l'unique moyen
qu'ils ont d'y arriver : se placer sur le terrain
royaliste.

Tout le reste est songe creux et nous allons le
voir.

II. Adversaires.

Nous allons le voir en étudiant quels sont
les autres ennemis que vous avez à combattre. Il ne s'agit plus cette fois d'ennemis irré-
ductibles, mais de frères égarés qui devraient

être vos meilleurs compagnons de lutte et qui le seraient s'ils voyaient clair, mais ils ne voient pas clair et surtout ils ne veulent pas voir clair. Ils sont si sûrs de l'infaillibilité de leurs jugements que pas un d'eux ne consentirait à venir entendre nos causeries, en toute indépendance pourtant.

Leur libéralisme cause à la France, comme le dit si bien le premier numéro du journal l'*Action française*, « plus de malheurs que les bombes des libertaires ; » et ils ne songent pas un instant, en présence des menaces terribles suspendues sur nos têtes, qu'ainsi que le disait récemment M. de Roux à Autun, « les véritables responsables des cata-
« strophes ne sont pas seulement les malfaiteurs
« qui les perpètrent, mais aussi, mais surtout, les
« honnêtes gens qui les prévoient et les atten-
« dent les bras croisés. »

Les moins excusables de cette seconde catégorie de vos ennemis et des ennemis de la France, parce qu'il n'y a rien de généreux dans les motifs qui les font agir, ce sont :

— LES NANTIS. —

Les *beati possidentes* somnolant autour de l'assiette au beurre, en digérant leurs 15.000 fr. annuels et le reste, et en attendant la retraite parlementaire en cas d'accident, les petits fonctionnaires, les titulaires d'un bureau de tabac. Pour ces gens-là la France n'existe pas, une seule chose les intéresse : garder leur situation et l'agrandir si faire se peut.

Après eux je citerai :

— LES RALLIÉS. —

Le rallié, c'est l'ancien royaliste, aussi convaincu qu'éloquent, mais qui, du jour où il a cru avoir à opter entre la Religion et la Royauté, s'est rallié à la République : oubliant que si Léon XIII a conseillé aux catholiques d'accepter la constitution républicaine à la condition de combattre la mauvaise législation de la République (comprenne qui pourra !) il leur a dit aussi dans l'encyclique *Libertas* que si le gouvernement de fait, sous lequel on vit, entrave la liberté de l'Eglise, il est permis de chercher à le remplacer par un autre qui respecte ses droits.

Ce rallié a vu les républicains lui dire : vous avez trahi vos amis en vous séparant d'eux, vous n'êtes plus royaliste. Mais vous n'êtes pas républicain, quoi que vous disiez, car si vous entrez dans la République pour combattre ses lois, vous n'y entrez que pour la trahir elle aussi et, antireligieuse, elle ne vous reconnaîtra pour sien que quand vous aurez apostasié. Que peut répondre cet homme? Il est rejeté de tous, il est réduit à l'impuissance.

Après les ralliés nous avons encore pour ennemis :

— LES LOYALISTES (*teintés d'arrivisme du reste*). —

Ennemis dangereux parce que leur théorie favorise la paresse et la veulerie des honnêtes gens, trop heureux d'y voir un mérite.

Nous ne voulons pas détruire la République, disent-ils, mais y gagner petit à petit une place de plus en plus prépondérante en reconnaissance des services que nous aurons rendus aux classes déshéritées. Un doux poète n'a-t-il pas dit : « Le « suffrage universel suffit et *tôt ou tard* il fera « de la bonne besogne. Nous nettoierons la Répu-« blique d'Augias ; nous en installerons une nou-

« velle avec des chefs ayant de l'autorité, et vrai-
« ment responsables de leurs actes et nous ne
« choisirons pour tels, cela c'est l'essentiel, que
« des hommes dont nous aurons éprouvé pour de
bon le patriotisme et la probité! » Mais comment?
Mais quand? En ne faisant pas de politique, pendant
4 ans, 8 ans, 20 ans, dût la France périr d'ici là. Et
là-dessus les grands hommes de *la Dépêche de
Toulouse* entonnent un dithyrambe en l'honneur
de ces braves gens, de ces dignes gens, qui ne
veulent pas faire de politique et leur laisseront les
coudées franches pour achever la pauvre malade,
la France, sans que des remèdes intempestifs
viennent lui rendre la vigueur et la santé, et qui,
non contents de ne pas faire de politique, ont l'im-
pudence de faire un cas de conscience aux royalistes de ne pas les imiter dans l'intérêt supérieur
de la religion catholique.

A être ainsi loués par leurs ennemis acharnés,
les loyalistes devraient comprendre les premiers
qu'ils se sont lourdement trompés et que ce n'est
pas en s'abandonnant aux mains des assassins
qu'on sauve sa vie, mais en luttant contre eux
de toutes ses forces.

Et nous continuerons à faire de la politique
pour ramener la Royauté parce que nous avons
suffisament démontré qu'il n'y a qu'elle qui puisse
assurer la liberté de l'Eglise et lui permettre
ainsi de ramener les populations à la pratique de
la religion, seul moyen de *tout instaurer dans
le Christ* et d'opposer à l'omnipotence juive le
seul obstacle exécré contre lequel elle se sente
impuissante : le christianisme!

. Après les ralliés et les loyalistes nous avons à
mentionner :

— Les plébiscitaires. —

Voici comment Marcel Habert, le bras droit de Déroulède, a expliqué leurs théories dans la *Patrie* du 28 juillet 1905 :

« La République est le gouvernement du peuple
« par le peuple, c'est là le principe intangible et
« le plébiscite n'en est que la mise en œuvre.
« Si donc le plébiscite nous donnait un gouver-
« nement héréditaire et monarchique, nous
« sommes prêts à le combattre, *même les armes*
« *à la main*, pour conserver aux électeurs de de-
« main les droits que ceux d'aujourd'hui leur au-
« raient arrachés. »

C'est la première fois qu'on ait érigé l'instabi-lité en système de gouvernement. Sans stabilité dans le gouvernement il ne peut y avoir ni unité de vues, ni préparation de l'avenir, ni politique extérieure et une nation ne peut jamais être en sécurité. Il semble que le système est tout de suite jugé.

Il y a encore *les résignés* au mouvement irré-sistible de l'humanité vers la démocratie. Ce point de vue est non moins faux que les précédents et nous savons de reste par les plébiscitaires à quoi nous mènerait l'arrivée au pouvoir des démo-crates.

Non, nous n'allons pas fatalement au gouver-nement politique du peuple, mais à la transfor-mation sociale, légitime et désirable des classes déshéritées du peuple en classes bourgeoises, ayant accès à leur tour à la propriété, et l'ennemi le plus redoutable de ce progrès n'est autre que la démocratie, c'est-à-dire le pouvoir réel aux mains du nombre, aux mains des inconscients, c'est-à-dire l'anarchie à sa plus haute puissance, qui ne peut faire que des ruines et est incapable de rien édifier.

Nous avons enfin les *Oui! Mais!* Oui notre République est ignoble, mais ce n'est pas la République! Et pourquoi donc ? Est-ce que vous croyez que la République est le gouvernement idéal que vous rêvez ?

Mais si ce gouvernement est la République pour vous, l'idéal républicain de votre voisin n'en est pas moins tout différent du vôtre, et quel est l'homme qui pourra jamais donner la définition *ne varietur* de la République et la faire accepter de tous? La vérité est qu'il y a autant de conceptions de la République que d'individus et que la la direction en appartiendra toujours aux pires, parce qu'ils seront toujours les plus audacieux.

La République est l'incohérence et l'anarchie, l'oppression d'une partie des Français par une autre partie et l'affaiblissement fatal du pays divisé qu'elle expose à tous les désastres.

La Royauté est l'ordre, l'union, le bien commum et non celui d'un parti, chacun et chaque chose à sa place, les principes nécessaires de toute société sauvegardés, la religion libre et respectée, l'armée et la marine honorées, la magistrature indépendante, l'honnêteté partout, dans les finances, dans les affaires, les charges réparties entre tous avec justice et modération, parce que l'intérêt du Roi est le même que l'intérêt de tous, l'intérêt de la Patrie !

N'est-ce pas assez pour nous faire répéter avec l'*Action française :* A bas la République! Et, pour que vive la France, vive le Roi !

HANQUEZ.

LA DÉCENTRALISATION SOUS L'ANCIEN RÉGIME

ET LA

CENTRALISATION RÉVOLUTIONNAIRE (1)

TROISIÈME PARTIE

La Centralisation Révolutionnaire.

La Révolution fut-elle un régime décentralisateur ? Les Régionalistes républicains l'assurent et proclament qu'elle a doté la France de l'autonomie la plus large qui ait jamais existé nulle part. Appliquée à toute la période révolutionnaire, cette affirmation est manifestement inexacte ; la controverse n'est possible qu'à propos de la Constitution de 1791 et de l'Assemblée qui la rédigea. Aussi la question précédente doit-elle se préciser et se réduire à celle-ci : *La Constituante a-t-elle décentralisé ?*

Il est inutile de refaire ici la démonstration de l'antinomie profonde qui existe entre les libertés locales et les principes de 89. M. de Montesquiou l'a clairement prouvé, ces principes sont les irréconciliables ennemis de la décentralisation (2). Le dogme révolutionnaire de la Liberté exige que l'individu ne subisse aucune contrainte et n'obéisse qu'à lui-même ; toutefois, comme une autorité est nécessaire pour maintenir l'ordre parmi les hommes, on en admettra une, mais une seule, celle de la Nation, et, afin que ce pouvoir de la Nation n'opprime pas la liberté individuelle, il sera constitué par les libres suffrages des citoyens. Mais alors surgit un nouveau motif de supprimer

---

(1) V. *L'Action française* des 1ᵉʳ juin et 15 décembre 1907.

(2) *Les libertés locales devant la Tradition et la Révolution* (*Action française* du 15 juin 1904).

tout groupement, toute association : ce vote qui est l'événement capital de la vie publique, de qui dépend la liberté, il faut qu'il soit sincère, il faut que rien n'influence l'individu. La conclusion s'impose et Rousseau la tire dans sa fameuse maxime : « Il importe, pour bien avoir l'énoncé de la volonté générale, *qu'il n'y ait pas de société partielle dans l'Etat*, et que chaque citoyen n'opère que d'après lui (1). »

La suppression de toute institution intermédiaire entre l'individu et l'Etat s'impose donc pour deux motifs également importants aux yeux du démocrate : d'abord la protection de la liberté individelle, ensuite la liberté du vote.

A cette argumentation si solide, les régionalistes républicains n'ont pas répondu directement ; mais, sentant les grands ancêtres bien menacés sur ce point, ils se sont attachés à expliquer leurs actes : tout ce qu'ils ont fait était nécessaire, nous dit-on ; les circonstances l'exigeaient ; ils n'ont pas commis les destructions dont vous les accusez, etc. Bref, les Constituants agirent avec la plus grande sagesse et ils firent beaucoup pour la vie locale.

Ce qui est fort plaisant dans toute cette apologie, c'est qu'on se garde soigneusement de citer les propres paroles de ceux qu'on défend, surtout de produire leurs décrets. L'ingéniosité se donne libre carrière pour leur prêter tels et tels projets qui sont, bien entendu, fort louables, telles intentions qui sont excellentes, naturellement. Projets et intentions n'ont qu'un tort, c'est de n'avoir jamais été ceux des Constituants. Prenons

(1) *Contrat social*, L. II. § III.

donc les textes, c'est-à-dire les comptes rendus des séances de la Constituante, et nous serons alors fixés sur le but poursuivi par cette assemblée en créant l'organisation départementale.

I

Le document que nous allons tout d'abord citer n'émane pas de la Constituante, mais il doit figurer ici en premier lieu, car il résume parfaitement l'opinion de cette Assemblée sur les libertés locales. Il a pour auteur un homme que la mort seule empêcha d'y siéger et d'y jouer un rôle prépondérant ; à défaut de sa personne, sa pensée devait être bien souvent applaudie à la tribune ; il s'agit de Turgot, le véritable chef des Economistes. Or, voici ce qu'il écrivait au docteur Price à propos de la proclamation de la république fédérative aux Etats-Unis (1) :

Je ne suis pas content, je l'avoue, des constitutions qui ont été rédigées jusqu'à présent par les différents Etats américains... Au lieu de ramener toutes les autorités à une seule, celle de la nation, on établit des corps différents... On s'occupe à balancer ces différents pouvoirs, comme si cet équilibre de forces qu'on a pu croire nécessaire pour balancer l'énorme prépondérance de la royauté pouvait être de quelque usage dans les Républiques... Dans l'union générale des provinces, je ne vois point une fusion de toutes les parties qui n'en fasse qu'un corps un et homogène. Ce n'est qu'une agrégation de parties *trop séparées* et qui conservent toujours une tendance à se diviser par la diversité de leurs lois... Tout cet édifice est appuyé, jusqu'à présent, sur les bases fausses de la très ancienne et très vulgaire politique, sur le pré-

(1) Turgot. *Œuvres choisies*, éd. Guillaumin, II, 806.

jugé que les nations, les provinces, peuvent avoir des intérêts en corps de nations et de provinces, autres que celui qu'ont les individus d'être libres.

Trouve-t-on, dans cette lettre, la moindre sympathie pour les libertés locales, la moindre intelligence des besoins locaux, ces deux éléments de l'état d'esprit décentralisateur ? Au contraire, ces besoins locaux, Turgot en nie l'existence; ces libertés locales, il les juge dangereuses pour l'unité nationale. Le système des contre-poids, nous dit-il, peut avoir quelque utilité là où gouverne l'absolutisme d'un seul ; mais lorsque la nation est souveraine, ces contrepoids sont tout à fait inutiles, ils sont même funestes.

Crainte du séparatisme, négation des besoins locaux, tel est le langage de Turgot, et tel est celui des centralisateurs de tous les temps; les Constituants n'en connaissent pas d'autre. S'ils étaient férus de décentralisation, ils approuveraient les Assemblées Provinciales de Louis XVI, comme étant un acheminement vers l'autonomie locale ; s'ils les blâment, c'est, supposez-vous, d'être un essai trop timide; au contraire, ils leur reprochent de « nuire à l'unité nécessaire dans une monarchie » et de présenter « des obstacles à l'action uniforme de la volonté générale (1) ». Les Etats Provinciaux eux-mêmes les inquiètent : ils opèrent, dit Target (2), « la lacération du Royaume ».

On sait de quelle façon la Constituante traite les corps sociaux : « Ils n'existent que par la loi... « ils n'ont aucuns droits réels par leur nature,

(1) Duport. Séance du 30 septembre 1789 (Annexe). *Archives Parlementaires*, IX, 224.
(2) 26 octobre 1789, *Ibid.*, *ib.*, 555.

« puisqu'ils n'ont même pas de nature propre;
« ils ne sont qu'une fiction, une conception
« abstraite de la loi (1). » Cela s'applique aussi
aux provinces et aux divisions territoriales. L'Assemblée estime qu'elle a parfaitement le droit de
les modifier ou même de les détruire ; elle le
fera, non pas ainsi qu'on l'a prétendu, parce
qu'elles sont trop inégales, mais parce qu'elles
sont contraires à la conception de la société : la
France ne doit pas être un Etat fédéral, proclame Siéyès (2), mais « *un seul tout, soumis
dans toutes ses parties* à une législation et à
une administration communes... le peuple ne doit
avoir qu'une voix, celle de la législature nationale ».

De ce principe, la Constituante tirera toutes les
applications possibles ; elle excluera le particularisme local jusque dans ses manifestations les
plus inoffensives : désormais, décide-t-elle, le
roi ne portera plus les titres de roi de France et
de Navarre, mais il sera simplement le roi des
Français (3).

C'est que, en effet, il n'y aura plus en France
d'autre qualité que celle de Français, c'est-à-dire
de citoyen. Aux antiques privilèges, aux différents statuts personnels, succédera la loi uniforme pour les vingt-cinq millions de Français.
Et ne venez pas objecter que telle loi peut convenir aux uns et point aux autres, que tel intérêt

(1) Thouret. 23 oct. 1789, *Ibid., id.*, 485.
(2) 7 sept. 1789, *Ibid.*, t. VIII.
(3) *Ibid., ibid.*, 409. — Mirabeau déclara : « Rien n'est plus
contraire à l'unité Monarchique que la variété des titres ; au lieu
d'être une véritable fusion des parties homogènes, cet empire
serait donc composé de parties diverses qui ne tarderaient pas à
être divisées. »

sera en souffrance s'il n'a pas pour le représenter une province, une corporation ou tout autre corps. On nous répondra que la *Déclaration des Droits* est formelle : le but unique de la société est, dit l'article 2, la sauvegarde de la liberté individuelle ; or, cette liberté ne pourrait s'accommoder de lois différentes qui rompraient l'égalité. Quant aux intérêts, il n'y en a que de deux sortes : les *intérêts privés* qui n'intéressent que l'individu, et les *intérêts publics* qui ne regardent que la Nation. Ces intérêts corporatifs, provinciaux, locaux, ne sont que des « prétendus intérêts communs », la Constituante veut les ignorer et les anéantir, bref, les faire rentrer soit dans la catégorie des intérêts privés, soit dans celle des intérêts publics ; dans ce dernier cas, c'est la nation seule, — en fait, l'Assemblée nationale — qui a qualité pour s'en occuper.

Tels sont les principes de la Constituante : nous les avons vu énoncer par ses chefs les plus incontestés. Elle a donc professé dans toute sa rigueur, la formule : *ce qui est privé à l'individu, ce qui est public à l'État*. Mais est-il possible de trouver une maxime plus opposée à la fameuse devise de tous les Décentralisateurs : « ce qui est communal à la commune, ce qui est régional à la Région, ce qui est national à l'État » ?

II

Le Royaume était jusqu'ici composé de Provinces, désormais il sera « un et indivisible » ; ce sont les propres expressions de l'article premier de la Constitution ; et par indivisible, il faut entendre que les nouvelles circonscriptions ne sont que des « fractions », qu'elles n'ont, par elles-mêmes, aucune unité, aucune réalité (1). Les départements ne sont pas, comme beaucoup se l'imaginent, des provinces plus petites, plus régulières, mais des divisions d'une tout autre nature. Voici d'ailleurs le projet élaboré au Comité de Constitution et dont Thouret fut rapporteur (2).

Après quelques explications préliminaires, il contenait les dispositions pratiques dont nous allons citer textuellement les termes. Jamais législateur ne devait traiter avec plus de désinvolture une nation civilisée, sa géographie, ses habitants; l'ignorance des réalités s'y révèle prodigieuse, incroyable. Et cependant, c'est bien le rapport qui servit de base à la création des départements. Mais laissons la parole à Thouret :

La France serait partagée en 80 grandes parties qui porteraient le nom de Départements.

Chaque Département serait d'environ 324 lieues carrées ou de 18 lieues sur 18. On procéderait à cette division *en partant de Paris comme du centre*, et en s'éloignant ensuite de toutes parts jusqu'aux frontières...

Chaque département serait divisé en 9 districts sous le titre de communes, chacune de 36 lieues carrées et de 6 lieues sur 6. Ces communes seraient les véritables unités ou éléments politiques de l'empire français. Il y en aurait en tout 720.

Chaque commune serait subdivisée en 9 fractions *invariables* par le partage de son territoire en 9 cantons de 4 lieues carrées ou de 2 lieues sur 2; ce qui donnerait en tout 6,480 cantons.

Et pour prouver que son calcul était juste,

(1) « L'Etat est un et les départements ne sont que les fractions d'un même tout. Une administration uniforme doit donc les embrasser dans un régime commun. » Instruction législative du 8 janvier 1790.

(2) *Archives Parlementaires*, IX, pp. 202 et s.

Thouret ajouta la preuve de ses opérations arith-
métiques :

La France contient environ 26.000 lieues carrées,
or, 80 départements de 324 lieues carrées, 720 communes de 36 lieues carrées, 6.480 cantons de 4 lieues
carrées, chacune de ces divisions remplit les
26.000 lieues du Royaume.

Les circonscriptions étaient ainsi égales entre
elles en superficie; mais la densité de la population n'est pas partout la même, la richesse non
plus n'est pas également répartie. Le rapporteur
avait fait des calculs analogues au précédent sur
les deux facteurs, population et imposition; il
avait pris la moyenne des trois séries de chiffres
et grâce à cette résultante, départements, communes et cantons étaient aussi égaux que possible.

La minorité royaliste protesta contre ce projet
si barbare; elle réclama le maintien des Provinces.
Mais la coterie qui faisait la loi fut inébranlable;
son plan était arrêté à l'avance et ses meneurs le
défendirent avec énergie. Duport réclame « que
la France entière soit partagée sans avoir égard
aux anciennes divisions qui maintiennent l'esprit
des Provinces et fortifient *contre l'esprit public*
les intérêts particuliers et locaux »; il estime que
« la division de la France en *carrés à peu près
égaux* serait la plus belle et la plus utile des opérations ». Pour Duquesnoy, ce projet « doit surtout produire cet *inappréciable avantage* de
fondre l'esprit local et particulier en un esprit
national et public ». Thouret enfin déploya toute
son habileté d'avocat normand pour vaincre les
résistances; il osa dire que les Provinces, même

divisées, ne cesseraient pas d'être les Provinces ;
qu'on s'alarmait à tort ; puis il ajoutait :

Et quand cela serait, quel inconvénient en résulte-
rait-il que celui qu'un préjugé, fécond en maux politiques, suppose et exagère? Puisque le gouvernement
est devenu national et représentatif, qu'importe à
quelle division de son territoire on soit attaché, les
avantage politiques et civils étant parfaitement égaux
dans toutes? Il serait bien désirable sans doute que
l'Assemblée pût faire ce mal imaginaire qu'on
reproche au plan du Comité, pour acquérir le *bien
réel et inappréciable de détruire l'esprit de Province* qui
n'est dans l'État qu'un esprit individuel *ennemi du
véritable esprit national* (1).

Si les hommes de 89 avaient été grands parti-
sans de l'autonomie locale, ils auraient pu laisser
aux intéressés le soin de faire les subdivisions à
l'intérieur du département ; mais cela fut expres-
sément désapprouvé : « Il faut tout faire ici, »
déclara Duquesnoy. C'est donc l'Assemblée elle-
même qui, dans ses bureaux, exécuta cette
besogne, besogne singulièrement délicate et dont
elle ne soupçonna même pas les difficultés. En
effet, les bureaux eurent bientôt fini et, le 26 février 1790, le rapporteur donna lecture du travail
d'ensemble : chaque département était constitué
et portait la dénomination baroque qui lui est
restée. Donnez aux départements, réclama la
Droite, le nom de leurs chef-lieux, ce sera plus
simple. Target répliqua que c'était impossible
parce qu'il fallait détruire « l'aristocratie des
villes », c'est-à-dire leur supériorité sur les
bourgs et les campagnes. Et pour mieux combattre cette aristocratie, le pasteur protestant

(1) *Archives Parl.*, IX, pp. 654 et s.

Rabaud-Saint-Étienne, proposa de ne point établir de chef-lieu fixe mais de faire siéger l'administra tion départementale successivement aux différents chef-lieux de district (1). Ce beau projet était trop conforme au principe d'égalité pour n'être pas adopté, et si la Constituante revint plus tard sur cette décision, c'est à cause des insurmontables difficultés auxquelles elle se heurta lorsqu'il s'agit de faire fonctionner ces administrations errantes.

· Tel fut le débat d'où sortit la division départe-mentale. On comprend désormais pour quel motif les *régionalistes* républicains se gardent soigneusement d'en citer le moindre extrait. Les discours prononcés par ceux qui incarnent la pure tradition de 1789, et qui dirigeaient vraiment l'Assemblée, nous montrent avec évidence les véritables sentiments de la Constituante à l'égard de la Décentralisation. Si elle fabriqua les Départements, c'est afin de détruire le patriotisme local qu'elle traitait en ennemi, et afin de faire cesser l'attachement aux Provinces, bien vivantes encore, quoiqu'on en dise (2).

On ne saurait par conséquent la blâmer d'avoir créé des divisions arbitraires et antiphysiques, des divisions qui ne cadrent point avec les inté-

(1) *Ibid.*, 716, 672.
(2) On connaît, en effet, la récente trouvaille d'un petit groupe de régionalistes. Se séparant des républicains de vieille roche comme Michelet et J. Reinach qui louent la Constituante d'avoir réalisé l'unité nationale en brisant les cadres provinciaux, ces messieurs déclarent : on ne peut accuser la Constituante d'avoir détruit les provinces, car les provinces n'existaient plus depuis longtemps ; l'absolutisme royal les avait déjà anéanties. M. L. Lacour qui réédite cette bonne plaisanterie (*la Révolution et ses détracteurs d'aujourd'hui*, p. 35) ajoute ce commentaire fort divertissant : « Quand ils (les traditionnalistes) accusent la Révolution d'avoir assassiné la vieille France provinciale, c'est leur ignorance... qui invective ou se lamente. »

rêts locaux et qui ne peuvent satisfaire aux besoins locaux. Ces besoins et ces intérêts, les Constituants les ignorèrent ; ils déclarèrent qu'ils n'existaient pas. Comme le disait Turgot, c'est bon pour la très ancienne et très vulgaire politique que de prendre en considération ces intérêts ; la nouvelle politique ne connaît que deux choses : la liberté individuelle et la souveraineté nationale.

Il est donc parfaitement conforme à la vérité historique de conclure avec Burke : « les Constituants ont traité la France en pays conquis ». De fait, lorsque Napoléon voudra annexer à son Empire les pays étrangers dont il s'est emparé, il ne trouvera pas de meilleur organe de domination que le département. Pour maintenir dans son obéissance le Brabant et la Toscane, il n'aura qu'à imiter ses prédécesseurs de 1790 qui, eux, opéraient sur des provinces françaises. C'est le procédé employé par les conquérants de tous les temps : diviser les populations jusqu'alors unies, souder ensemble des races hétérogènes, établir une administration partout uniforme et proscrire l'attachement à tout souvenir du passé ; tels sont les moyens les plus sûrs pour empêcher toute vie locale autonome. En les appliquant à la France avec toute leur vigueur d'idéologues, les Constituants se sont conduits en centralisateurs de la pire espèce.

RAYMOND DE VERDUILLET.

(A suivre.)

UN FRANÇAIS
CHEZ LES MONARCHISTES RUSSES

On nous informe de Russie qu'un de nos compatriotes, s'étant trouvé dernièrement de passage à Moscou, a eu la bonne fortune d'y rencontrer nos amis du parti monarchique russe. Après une réception familière aussi cordiale que spontanée, notre compatriote fut invité à assister à la réunion hebdomadaïre du cercle et à prononcer quelques paroles devant la nombreuse assistance, composée de représentants de toutes les classes de la société et où se trouvaient, sous la présidence de M. Nasariewsky, Mmes Wartorgoff, la princesse Galitzine, la comtesse Konovnitzine, Mouromtzeff, les généraux Boutourline et Savostine, nos amis MM. Soutchkoff et Kislowsky, etc., etc.

« Vous voudrez bien, déclara notre compatriote, m'accorder toute votre indulgence et je vous remercie de vouloir bien écouter la parole d'un Français. Je serai compris, je le sais, par presque toute cette assistance; mais certes, je ne me doutais pas que Moscou dût être la ville où il m'arriverait de parler pour la première fois en public.

« A mon entrée dans cette salle, on m'a demandé entre bien des choses : — Que se passe-t-il en France? Aime-t-on toujours la Russie...? Eh bien, je puis vous le dire, oui, le peuple français aime profondément la Russie, malgré les efforts des immigrés juifs et des francs-maçons, leurs agents. Et j'ajoute, les gouvernants passagers et provisoires que vous voyez au pouvoir, ne représentent pas le peuple français.

« Le peuple français est celui qui dans sa dcmeure, a rangé à côté de son drapeau national le drapeau de l'Empereur de Russie.

« Le peuple français est celui dont le cœur a saigné à la nouvelle des désastres extérieurs et intérieurs qui ont accablé votre patrie. Mais il n'a jamais désespéré, il n'a jamais douté de son relèvement ni de la venue des jours meilleurs. Mon séjour en Russie me prouve que ces jours sont arrivés. J'ai traversé les parties les plus vivantes de votre immense empire et j'ai constaté à Pétersbourg comme à Moscou une tranquillité parfaite et une admirable activité. Je ne parlerai pas de cette bienveillante hospitalité russe proverbiale d'ailleurs, que j'ai toujours et partout rencontrée.

« Et cette bienveillance ne s'exerce pas seulement envers les étrangers. Permettez-moi de citer un détail qui m'a frappé. C'était à Pétersbourg, la large Newski était sillonnée d'autant de traîneaux que nos boulevards parisiens le sont de voitures. Une pauvre vieille femme, toute couverte de neige, ne pouvait parvenir à traverser la chaussée. Aucun gardien ne se trouvait là et les « Isvochtchik » glissaient sans interruption à toute vitesse, quand un officier supérieur dont la longue capote grise entr'ouverte laissait voir de nombreuses décorations, prit cette femme sous son bras et, le plus naturellement du monde, la conduisit en lieu sûr de l'autre côté de l'avenue.

« Quel bel exemple de *démophilie* dans un pays de monarchie! Pour terminer, dit notre compatriote, nous espérons que la monarchie française, à l'exemple de la monarchie russe, donnera, à nos deux patries alliées, la prospérité nécessaire à leur bien réciproque. Vive le Tzar et vive le Roi! »

Immédiatement traduite en français, cette allo-

cution a soulevé des cris unanimes de : Vive la
France!

Notre compatriote peut-être fier du service
qu'il a rendu à la France en apportant à un audi-
toire russe des paroles si fermes et si sensées.
L'étranger, et surtout l'étranger sympathique à
notre pays, ignore trop la nature du régime républicain, ainsi que l'origine et les idées des hommes
qui exploitent le pouvoir plutôt qu'ils ne l'exercent. L'étranger ne sait pas assez que le gouvernement républicain n'est pas un gouvernement
normal, qu'il n'est pas un gouvernement comme
un autre, que ce gouvernement ne représente pas
et ne saurait engager la nation française. Cela,
les hommes d'Etat le savent. Mais les uns ne le
disent pas, par une courtoisie nécessaire, comme
nos alliés russes; les autres, par politique et parce
que la République sert trop bien leurs intérêts, ne
le disent pas davantage. Il est donc cent fois utile
que nos compatriotes éclairent et avertissent nos
amis et nos alliés.

*L'abondance des matières nous oblige à remet-
tre à notre prochain numéro un important ar-
riéré du Bulletin de la Ligue.*

LA CONJURATION DÉMOCRATIQUE (1)

V

Les falsifications du Christianisme.

> Les chefs de la faction, par un coupable abus des paroles et des pensées du Saint Evangile, n'ont pas craint, loups ravisseurs déguisés en agneaux, d'entraîner la multitude inexpérimentée dans leurs desseins et leurs entreprises et de verser dans les esprits imprévoyants le poison de leurs fausses doctrines.
>
> Pie IX, *Allocution consistorial* du 20 avril 1849.

C'est une croyance communément répandue que la Franc-Maçonnerie n'est plus aujourd'hui ce qu'elle était autrefois. « Mon aïeul était Franc-Maçon, entend-on dire souvent, et c'était un si bon chrétien ! La Franc-Maçonnerie a bien changé ! »

Non, la Franc-Maçonnerie n'a pas changé ; elle a seulement donné sa mesure et les yeux ont fini par s'ouvrir. Les Francs-Maçons d'il y a cent trente ans préparaient, sans le savoir, les voies aux Francs-Maçons d'aujourd'hui et les braves gens qui entraient dans les loges y allaient de bon cœur, croyait autant faire œuvre pie que nos jeunes gens embrigadés au *Sillon* avec leur zèle à proclamer leur foi démocratique. Il y a, d'ailleurs, analogie entre la situation des uns dans le

(1) Voir l'*Action française* de mai, juin, juillet, août, novembre, décembre 1907.

présent et la situation des autres dans le passé.

Le vrai Christianisme est contenu dans la Franc-Maçonnerie ; telle fut, à une époque, la doctrine en cours.

Le vrai Christianisme est contenu dans la Démocratie, telle est la doctrine nouvelle.

Ces deux affirmations ont une parenté surprenante : également fantaisistes, elles aboutissent, en effet, par une même exploitation du sentiment religieux à un terme unique, lequel a nom Démocratie.

Objecterait-on que la Démocratie est entendue de façons différentes (1)? Il suffirait alors de montrer ces prêtres catholiques qui font en eux-mêmes comme la synthèse des deux erreurs : assez naïfs pour se croire en avance sur leur époque parce qu'ils sont démocrates, ils restent, au contraire, aussi peu éclairés que nos pères de 1780 dont ils ressassent tous les vieux clichés sur la liberté et l'égalité. Bien plus, on en voit qui poussent l'inconscience jusqu'à se targuer, en matière politique et jusqu'à un certain point religieuse, d'approbations formellement maçon-

---

(1) Ce serait nier les analogies précédemment signalées et qu'un raisonnement très simple indique à lui tout seul.

La formule de la franc-maçonnerie contemporaine étant

Maç ∴ = Démocratie,

et celle des démocrates chrétiens, depuis Lamennais pouvant se ramener à

Démocratie = Christianisme,

il s'ensuivra l'identité

Maç ∴ = Christianisme.

A condition pourtant que le terme Démocratie ait bien même signification dans les deux premières formules. Comme

Maç ∴ = Christianisme

fut précisément une allégation mise en avant par les loges, il faut bien que la condition ait été remplie.

niques (1). Cette indulgence pour les Francs-Maçons, le prix qu'ils attachent à leur opinion est un des plus curieux symptômes de notre époque, et non le moins alarmant. Ce fabuleux état d'esprit resterait incompréhensible à qui ignorerait la tactique des sectes secrètes et les « séductions variées » qu'elles exercent, suivant Léon XIII, sur leurs adeptes.

Rien n'est plus instructif que de suivre leur développement depuis cent cinquante ans et leur méthode pour faire des prosélytes.

Au temps de l'Illuminisme, si florissant au xviiie siècle, l'Illuminé Kuigge exposait ainsi à l'adepte Zwach ses procédés de propagande :

« Pour faire concourir à notre objet, il fallait faire trouver une explication du Christianisme... Ce secret devait être celui de la Maçonnerie et nous conduire à notre objet... Nous disons que l'intention de Jésus était de nous *apprendre à nous gouverner nous-mêmes et de rétablir, sans les moyens de révolution, la liberté et l'égalité parmi les hommes.* Il ne s'agissait, pour cela, que de citer divers textes de l'Ecriture et de donner des explications vraies ou fausses, n'importe, pourvu que chacun trouve un sens d'accord avec sa raison dans la doctrine de Jésus. »

Il y a bien, au sens chrétien, une liberté et une égalité, mais lier les notions de liberté et d'égalité exclusivement à un système politique où les hommes se gouverneront eux-mêmes, c'est les prendre dans un sens tout différent, dans un

(1) Voir dans le *Petit Démocrate* de Limoges, 23 mai 1907, l'article intitulé en lettres énormes destinées à tirer l'œil : *Nos doctrines confirmées par un orateur franc-maçon.* Le franc-maçon en question, est un ancien vice-président du Conseil de l'Ordre, dit le *Petit Démocrate* pour rehausser encore la valeur de ce confesseur de la foi démocratique.

sens démocratique, et c'est préconiser la démocratie au nom de la religion. Ainsi l'idée politique démocratique était représentée par l'Illuminisme comme une révélation de Jésus lui-même.

C'est un fait que le clergé s'associait assez facilement à ces vues. On se souvient de Fauchet, prédicateur du roi : entrant dans la Révolution l'Evangile à la main, il conviait les esprits à en lire enfin le texte à la lueur de cette lampe que Dieu nous a donnée, la Raison, et à établir son royaume sur terre selon les préceptes du Christ, « Divinité concitoyenne du genre humain. » C'était pousser un peu loin le sentiment de l'égalité démocratique (1) et exprimer, avec l'onction ecclésiastique en plus, la même idée que Camille Desmoulins disant : *le sans-culotte Jésus.* Evidemment, ceux qui furent ainsi captés dans le clergé ne devaient point compter parmi les meilleurs esprits, les mieux équilibrés ou les plus sincères.

Chose remarquable, il n'en était pas de même chez les protestants. L'absence de toute autorité souveraine les livre plus facilement aux excès du sens propre et Weishaupt, le chef de la secte, s'étonnait lui-même de si bien réussir auprès d'eux (2).

(1) N'y a-t-il pas un peu du même état d'esprit dans cette parole d'un de nos prêtres députés (ils sont tous deux démocrates) : « Le Christ va redevenir citoyen français ? »

(2) La Réforme et la Franc-maçonnerie ont d'ailleurs ceci de commun d'être en révolte contre l'ordre catholique, ordre spirituel ou ordre temporel. A un convent maçonnique récemment tenu au Canada un orateur le constatait en ces termes :

« L'Orangisme maçonnique est simplement le protestantisme organisé. Ses membres sont recrutés parmi toutes les dénominations du monde protestant. Le protestantisme en lui-même n'est pas une religion, c'est la coalition de nombreuses sectes religieuses, pour un support mutuel contre la domination de l'Église romaine...

« Ce qu'il y a de plus singulier, c'est que les grands théologiens protestants, qui sont membres de notre illuminisme, croient réellement que la partie relative à la religion dans ces discours, renferme le véritable esprit du christianisme! O hommes, que ne pourrais-je vous faire croire! (1) »

Quel succès n'obtint pas, en effet, cette doctrine perfide! L'Illuminisme savait trop bien exploiter la crédulité des uns et les passions des autres pour ne pas répandre son influence en dehors des frontières où il était né. Sa forme française fut une association absolument occulte qui s'intitulait *Ordre du temple;* en relation constante avec Weishaupt, peut-être par l'intermédiaire de chefs initiés en Allemagne comme le fut Mirabeau (2), elle remplissait vis-à-vis des loges, sans que celle-ci s'en doutassent, le rôle d'ordre intérieur et dirigeait ainsi tous leurs travaux. De la sorte, se répandaient d'échelon en échelon les notions séduisantes à première vue d'un faux christianisme, qu'appuyaient en outre les écrits du frère Saint-Martin, philosophe du parti et lui-même chef de secte. Ses œuvres nébuleuses impressionnèrent le public blasé de l'époque par leur allure mystique et c'est lui qui mit en honneur, sous le nom de *Ternaire sacré*, la devise Liberté, Égalité, Fraternité,

.Nous autres maçons orangistes, nous sommes les sentinelles sur le rempart... »

Paroles prononcées à Cypress River (Manitoba) le 14 févr. 1905, par le vénérable maître maçon des loges orangistes du comté. W. H. Spinks. Rapporté par le *Weekly Telegram* de Winnipeg, 1er mars 1905.

(1) Cité par Barruel, *Mémoires.*

(2) Il fut initié à l'Illuminisme, à Brunswick, à l'occasion d'une mission diplomatique dont il avait été chargé.

que nos démocrates prennent et donnent après lui comme un raccourci des maximes'évangéliques.

Quand la France s'engoue d'une idée, le reste du monde ne tarde pas à suivre. Aussi à la fin du xviii siècle, lorsque l'Illuminisme fut compromis par les révélations du procès de Bavière, il était trop tard pour arrêter la contagion. On peut déjà appliquer à cette époque ce que dira plus tard un adepte de la Haute-Vente : « La désorganisation règne partout, au Nord comme au Midi, dans le cœur des nobles comme dans celui des prêtres. Tous ont fléchi sous le niveau que nous voulons imposer à l'humanité pour l'abaisser. *Le monde est lancé sur la voie de la démocratie.* »

Pourtant, un prêtre apostat nommé Fessler avait voulu reprendre, la jugeant incomplète, l'œuvre de l'Illuminisme, sous le nom de *Maçonnerie chrétienne*. Etant donné le but, ce titre était mal choisi : il avait le tort d'attirer l'attention sur l'équivoque qu'il fallait au contraire tenir sous le boisseau sauf pour les esprits préparés. La tentative ne réussit donc pas, du moins sous cette forme (1) ; mais le grain semé partout ne pouvait manquer de germer. Après la France, ce fut en Italie.

La Haute-Vente, qui fut au xix siècle la véritable héritière de l'Illuminisme, en poursuivit la tactique avec succès : « Il y a une certaine partie du clergé qui mord à l'hameçon de nos doctrines d'une façon merveilleuse », écrivait le conjuré Nu-

---

(1) Il y a encore des loges martinistes et peut-être l'ancien Ordre du Temple s'est-il perpétué en dehors de Fessler : certains le croient, même parmi les écrivains maçonniques, comme le rapporte Claudio Jeannet. On peut consulter à ce sujet sa *Francmaçonnerie et la Révolution.*

bius à son confrère Volpe (1). Indication qui donne à réfléchir. Mais combien plus grave est celle qu'apporte un agent de la Haute-Vente sur la façon d'endoctriner les prêtres et le rôle assigné par la secte à un certain abbé Gioberti : parmi les papiers saisis par Léon XII on trouve, en effet, dans une lettre datée de 1845, cette révélation :

« Gioberti prêtre parle aux prêtres leur langage, et je vous dirai que nous apprenons de tous côtés que, dans les rangs du clergé séculier et régulier, les doctrines de liberté, et *le Pape à la tête de cette liberté* sont une pensée qui en a séduit plusieurs, à tel point qu'il se persuadent que le CATHO- LICISME EST UNE DOCTRINE ESSENTIELLEMENT DÉMOCRA- TIQUE. *Ce parti grandit chaque jour parmi le clergé...* »

Le catholicisme une doctrine essentiellement démocratique! Le Pape a la tête du mouvement! Quelle progression sur les époques précédentes, et quels traits saisissants pour caractériser non seulement la tactique employée dans un petit clan au milieu du xixe siècle, mais encore celle qui s'est pratiquée de plus en plus ouvertement jusqu'au début du xxe ! Et comme tout correspond aux instructions données dès le commencement par la secte à ses agents !

« Vous voulez établir le règne des élus sur le trône de la prostituée de Babylone? Que le clergé marche sous votre étendard en croyant toujours marcher sous la bannière des Clefs apostoliques. Vous voulez faire disparaître le dernier vestige des tyrans et des oppresseurs? Tendez vos filets comme Simon Barjona ; tendez-les au fond des sacristies, des séminaires et des couvents plutôt qu'au fond de la mer : et si vous ne

(1) Lettre du 3 avril 1824.

précipitez rien, nous vous promettons une pêche plus miraculeuse que la sienne. Le pêcheur de poissons devient pêcheur d'hommes ; vous amènerez des amis autour de la chaire apostolique. Vous aurez prêché une Révolution en tiare et en chape, marchant avec la croix et la bannière, une révolution qui n'aura besoin que d'être un tout petit peu aiguillonnée pour mettre le feu aux quatre coins du monde (1). »

Une révolution marchant avec la croix et la bannière, n'est-ce pas le spectacle que les démocrates chrétiens ont offert ces dernières années, surtout en Italie, en Belgique et en France ? Et de combien de Giobertis ne peut-on croire mélangés ceux qui acclament un Fogazzaro !

Que l'on ne se récrie pas devant cette supposition. Si l'abbé Gioberti revenait en personne, il serait accueilli pour un prophète par le parti qu'il endoctrinait de son vivant. Nous en avons l'aveu public. Oui, ce Gioberti qui, loin d'être un agent obscur, joua un rôle considérable dans son pays ; ce Gioberti qui, d'abord collaborateur de Mazzini, fut expulsé en 1833 du Piémont comme conspirateur affilié aux sociétés secrètes; qui intrigua ensuite à Rome au point de donner un moment le change au Vatican lui-même sur ses véritables sentiments; qui, revenu à Turin en 1848, y fut ministre et président du conseil d'un ministère dit *démocratique* (Décembre 1848); qui, envoyé comme ambassadeur à Paris, y mourut en adversaire déclaré du pouvoir temporel après avoir prêché toute sa vie l'indépendance de l'Italie et son unité sous l'arbitrage suprême du Souverain Pontife, non par conviction, mais pour faire pé-

(1) Instruction secrète permanente de la Haute-Vente.

nétrer ses idées — « Le Pape, je n'y crois pas, avoua-t-il un jour, mais je me sers de lui comme de la lance d'Achille, qui blessait et guérissait en même temps » —, ce même Gioberti enfin, à jamais noté d'infamie par les papiers de la Haute-Vente et dont au surplus tous les ouvrages sont à l'Index, Fogazzaro n'a pas craint, dans sa conférence de Paris, de le poser en exemple, de glorifier ses idées, d'en faire un précurseur! Exaltant ce « prêtre catholique *irréprochable* », il le met de pair avec Rosmini, autre prêtre moins perfide peut-être, mais réputé aussi dangereux par l'Eglise (1), et il s'écrie bien haut : « Voilà les grands exemples que nous avons suivi et que nous suivrons! (2) »

Fogazzaro est un homme précieux : après avoir mis dans notre main le premier anneau de cette chaîne qui, partant d'une imitation purement extérieure des sectes secrètes, aboutit, par des procédés également inspirés d'elles, à des idées semblables par le fond et par les conséquences, il ferme lui-même le cercle maçonnique sur les catholiques de son espèce et les démocrates ses amis, en confirmant l'identité de la doctrine par l'identité du docteur!

La Maçonnerie pouvait en effet se féliciter. Gioberti venait à son heure pour pousser le clergé dans la voie où il avait jusqu'alors refusé de suivre Lamennais. En 1848 paraissait à Paris, peu avant que Gioberti vint y terminer sa carrière, un nouveau journal pour soutenir la thèse : *le chris-*

---

(1) Au catalogue de l'Index sont inscrits non seulement *Le cinque piaghe della Chiesa*, ouvrage de Rosmini (dont Fogazzaro a repris le thème dans *Il Santo*), mais encore deux revues s'inspirant de son souvenir : *Il Rosmini* (1899) et *Il nuovo Rosmini* (1890).

(2) *Demain*, n° du 8 février 1907.

tianisme, c'est la démocratie même. De suite Montalembert s'insurgeait et Blanc de Saint-Bonnet reconnaissant là « l'erreur la plus terrible, la plus glissante qui fut jamais », félicitait le clergé de s'en être préservé. Il se pressait trop : le moment était proche où, suivant la crainte exprimée par un contemporain, « les doctrines démocratiques et sociales proclamées par tant de bouches suspectes allaient recevoir de la prédication ecclésiastique une sorte de consécration aux yeux des peuples ».

Ce moment est arrivé, nous avons vu ce triomphe. Certes, la Maçonnerie n'a plus besoin d'attirer le profane dans ses loges pour façonner son cerveau. Par qui avons-nous vu souvent et voyons-nous encore prêcher les idées révolutionnaires, sinon par des prêtres? Et au nom de quoi? Au nom du sentiment le plus puissant, de la doctrine la plus sûre, de l'autorité la plus haute : de la foi religieuse, de la doctrine catholique et du Pape !

On fait un grand grief au Sillon, comme si c'était chose nouvelle et qui lui fût spéciale, de ses idées subversives : on lui a surtout reproché, non sans raison d'ailleurs, sa manière de jouer du sentiment religieux et d'exploiter de prétendues approbations pontificales. Pour être juste, il faut reconnaître que l'outrecuidance des prétentions et la duplicité des attitudes lui ont été enseignées par ses aînés. D'autres l'ont précédé sur cette pente où la Haute-Vente se targuait d'avoir lancé le monde; c'est ce qu'il faut savoir, sous peine de ne comprendre ni la responsabilité très atténuée en vérité des sillonnistes, ni la profondeur de leur mouvement qui résulte d'une impulsion venue de loin et dès longtemps préparée.

Connaissant le caractère fallacieux de la propagande maçonnique auprès des chrétiens de tous les pays et son immense influence sur les idées contemporaines, on s'étonne moins du développement croissant pris par les démocrates. Mais ce qu'il faut souligner, c'est l'espèce de frénésie qu'ont mis ceux qui sont catholiques à soutenir une thèse qui ne l'est pas, et cela en faisant intervenir la religion exactement de la façon désirée par la Maçonnerie.

« Il faut être démocrate, la religion l'exige et c'est le vœu du Saint-Père », ce fut pendant nombre d'années le cri de ralliement proposé aux catholiques français, — ralliement grandement favorisé, il est vrai, par ce qu'on a appelé la politique pontificale. Quiconque voulait acquérir ou conserver quelque influence devait adhérer à la démocratie, tout au moins à la République, celle-ci étant un acheminement vers celle-là. On en faisait un cas de conscience (1). Que d'anathèmes furent lancés contre les « réfractaires », les « régaliens » ! Mauvais catholiques et mauvais citoyens, ils déshonoraient leur pays et leur religion. Au contraire que de pavois dressés pour de creux orateurs, des écrivains sans idées ou, ce qui est pire, pour des écrivains à idées fausses ! Il suffisait d'une profession de foi démocratique bien sentie pour transformer n'importe qui en profond penseur, en champion de l'Eglise, en flambeau de la civilisation. De la sorte fut incrustée dans certains cerveaux catholiques cette idée si difficile à en extirper actuellement : la Démocratie, avenir de l'humanité, est l'évolution du Christianisme (2),

(1) Voir *Un cas de conscience*, par l'abbé BARBIER.
(2) L'abbé Gayraud le proclamait encore, il y a quelques mois, en conférence publique.

Léon XIII en a décidé ainsi et il faut coopérer, maintenant tout comme autrefois, sous sa direction, à la nécessaire et féconde transformation d'où sortira l'État social nouveau, la Cité future qui régénérera l'humanité!

Les textes pontificaux n'autorisaient en rien de pareilles affirmations, bien au contraire, mais il semblait qu'un voile s'interposât entre les fidèles et la voix des encycliques romaines. Celles-ci restèrent impuissantes, comme paralysées, ignorées des uns, dénaturées par les autres et comprises par bien peu. L'opinion fut si savamment fabriquée sur ce point que l'on pourrait intituler un chapitre important de l'histoire contemporaine : *De la déformation singulière, consciente ou suggérée, mais méthodique et constante, des enseignements pontificaux sous Léon XIII.*

En ce moment le voile se déchire sous l'effort mené contre le modernisme dont le démocratisme est simplement une des faces. L'abbé Naudet, par exemple, est obligé de quitter la direction de la *Justice sociale*, *Demain* ne paraît plus du tout, et le *Sillon*, qui hier encore, se donnait sans opposition comme approuvé par le Saint-Siège, a de la peine à soutenir son rôle. Mais il y a dix ans, aux débuts du *Sillon*, la situation était toute autre; en 1899, les séminaristes des correspondances clandestines pensaient en toute sincérité, malgré leurs louches manœuvres, répondre à un plan pontifical. L'un deux pouvait écrire dans la *Voix du Siècle* avec une conviction qui désarme : « Ceux que nous appelons nos chefs, forts de l'appui de Pierre, fermement et solidement unis à Pierre, nous montrent à l'horizon une triomphante aurore. »

Quels étaient donc ces chefs, donnés comme si fermement unis à Pierre? Le nom du journal l'indique : *la Voix du Siècle*, c'était l'abbé Dabry, c'était l'abbé Naudet, et avec eux le groupe le plus avancé du parti des « démocrates chrétiens ». Et en effet l'abbé Naudet, à ses débuts comme directeur de journal, passait pour agir sur l'ordre du Saint-Père (1). En 1899 il avait déjà préludé à toutes ses erreurs de la suite en versant dans le Congrès des religions de Charbonnel, et dans l'Américanisme condamné par Léon XIII. Cela n'empêchait pas son journal, d'accord avec celui de l'abbé Dabry, de trouver dans la lettre du Pape du 8 mars 1899, lettre si sévère pour les novateurs et les imprudents, « des éloges et des encouragements (2) ».

Il n'y avait pas que ces deux journaux. Que penser du grave *Univers* lui-même, de ses écarts démocratiques à une certaine époque, quand, sous prétexte de ralliement, il prétendit représenter le Saint-Siège jusque dans les questions sociales où *l'Univers* ne représente jamais que *l'Univers* ? Et que de ruses déployées pour masquer les mesures prises contre l'abbé Daëns, interdit et frappé par son évêque, tout cela pour prouver qu'étant démocrate, il était avec Léon XIII !

Un volume entier suffirait à peine pour rappeler les manœuvres dont tant de manifestations qui auraient dû rester purement catholiques furent l'occasion (3). Faut-il citer les tentatives

(1) *La Démocratie chrétienne* du 8 novembre 1894 l'affirmait.
(2) *La Justice sociale*, 30 septembre 1899.
(3) Ce volume existe. C'est le second tome de l'ouvrage de l'abbé

pour accaparer le Tiers-Ordre, lors de son Congrès à Rome en 1900? On voulut faire un instrument de propagande démocratique de cette association ayant un but de perfectionnement purement religieux et moral, et profiter de ce que le Congrès tenu au Vatican paraîtrait une émanation directe des volontés pontificales. La tentative fut d'ailleurs déjouée, les congressistes n'ayant en définitive ni consenti à entrer dans une voie politique, ni siégé au Vatican. Et le Congrès ecclésiastique de Bourges, en 1900 également, où, parmi des tendances non sans rapport avec celles du Congrès des religions, on voyait percer, suivant Mgr Isoard, le projet bien démocratique de « substituer au gouvernement des Eglises un gouvernement mixte et modelé sur le parlementarisme (1) ? » Organisé par des démocrates dont certains poussaient l'indépendance jusqu'à confier leurs espérances ou leurs griefs à des journaux protestants (2) et à des apostats (3), le Congrès était suivi avec sympathie par M. Buisson qui

BARBIER : *Les Progrès du Libéralisme catholique sous Léon XIII* dont sont tirés la plupart des renseignements donnés ici.

(1) Lettre de Mgr Isoard à Mgr Servonnet, 20 janvier 1901. Ce projet est signalé, dans l'encyclique *Pascendi*, comme caractéristique du modernisme. Cette encyclique, comme on sait, restreint beaucoup les Congrès ecclésiastiques, et manifeste, à leur égard, une méfiance trop justifiée par cet exemple.

(2) Un abbé était correspondant, pendant le Congrès, du *Temps* et de la *Revue chrétienne* (protestante) dans laquelle il faisait passer une violente satire du clergé français, des curés et des évêques. C'est l'abbé Toiton, directeur de *La France catholique*, ce journal qu'un procès vient de révéler comme ayant été subventionné par Clémenceau.

(3) L'ex-Père Hyacinthe disait alors avoir reçu une lettre d'un « ecclésiastique éminent » où il était écrit : « Nous avons fait une brèche dans le mur de la routine et du préjugé. » C'est à l'occasion de ce Congrès que l'abbé Dabry prononça la phrase fameuse : *un pèlerinage où les prêtres iraient se faire baptiser hommes.*

saluait en lui un germe de « rénovation religieuse ». Loin de repousser une approbation aussi
alarmante les démocrates s'en réjouissaient.
Le Congrès étant représenté par l'archevêque
de Bourges lui-même comme répondant à
« l'ordre du Chef », on en devine l'effet sur les
jeunes prêtres. Pouvait-on en haut se douter des
excès d'en bas, si soigneusement cachés dans
leurs principales manifestations ?

Pourtant le Vatican avait dû déjà mettre un
frein à l'ardeur des démocrates. En 1897, les pèle-
rinages ouvriers avaient été représentés par les
journaux catholiques comme le triomphe du
parti, la démocratie ayant, suivant eux, reçu à
cette occasion « le sacrement de confirmation ».
Or si les organisateurs avaient beaucoup parlé de
démocratie, à leur habitude, Léon XIII s'était
abstenu d'en souffler mot. Il ne protesta pourtant
pas et laissa passer. Mais en 1898, il fallut rappeler au souci de la vérité les démocrates qui, en-
couragés par leur impunité de l'année précédente,
abusèrent du discours prononcé par Léon XIII en
réponse au leur. Il est vrai que Léon XIII, pour
tempérer leur prurit de démocratie, avait été
obligé de prononcer le mot fatidique, mais il
n'était pas vrai, déclara l'*Osservatore romano*,
que le pape ait dit, « comme l'ont prétendu quel-
ques-uns, qu'on doit être démocrate pour servir
efficacement les intérêts de l'Eglise et ceux du
peuple ».

Comme tout le monde ne lit pas l'*Osservatore
romano*, des rectifications de ce genre passent
la plupart du temps inaperçues. Ce qu'il faut retenir, c'est la persistance avec laquelle le Pape était
mis à la tête du mouvement dont ses écrits étaient

la négation : caractère nouveau qui manquait aux époques précédentes. Sauf dans des cercles fermés comme celui dont Gioberti était le centre, la démocratie avait été d'abord prêchée au nom d'une interprétation moderne du christianisme, mais sans engager le pape. La lamentable histoire de Lamenais était encore trop récente. On n'aurait pas pensé alors à se poser à la fois en admirateur, porte-paroles du Pape, et en contradicteur de ses décisions. Il a fallu une longue période de progrès (si l'on peut employer ce mot) pour en arriver à accorder ces deux attitudes. Ceux qui, imbus de l'esprit de Lamennais, reprenaient ses idées, le faisaient en sourdine et non comme catholiques « romains ». Ils n'auraient pas pu, ainsi que cela se pratique couramment aujourd'hui (1), les défendre ouvertement et sans encombre; surtout ils n'auraient pas osé écrire, si près d'une condamnation, ce que l'abbé Dabry écrivit après celle de l'Américanisme : « Il est incontestable que Rome, *quelque sympathique qu'elle soit à nos idées*, est obligée de compter avec ceux qui nous ont combattus. »

Rome sympathique aux idées qu'elle condamnait! L'audace était grande, mais elle arrivait à son but; les démocrates ont fait ainsi tout tourner à leur avantage, car on les croyait. De pareils

(1) On lit par exemple dans les *Annales de Philosophie chrétienne* (décembre 1901), alors dirigée par l'abbé Denis : « Grégoire XVI, qui condamna Lamennais sous la pression gallicane et monarchique, s'accommoda, à contre-cœur, il est vrai, d'une attitude qui n'était pas, en France, catholique. On sait ce qu'il en est résulté depuis soixante ans : un abaissement de l'idée chrétienne au triple point de vue politique, social, intellectuel. » Suit un éloge de Léon XIII, « pape des transitions prudentes mais nécessaires ».

traits auraient pourtant dû retenir l'*Univers* d'accorder un *satisfecit* à l'abbé Dabry comme « très dévoué à la politique pontificale qu'il faut appeler la politique catholique », et de le renouveler encore lorsque ce démocrate exalté entre tous fonda son cinquième journal, l'*Observateur français*. Ce titre, en faisant pendant à l'*Osservatore romano*, journal officieux du Vatican, complétait les manœuvres de ceux qui se donnaient comme formant « l'école pontificale », la vraie, la seule, l'unique.

N. Ariès.

(*A suivre.*)

LA CRISE DE L'IDÉAL DÉMOCRATIQUE ET RÉPUBLICAIN D'APRÈS MARC SANGNIER

*Nous avons trouvé dans l'*Eveil démocratique *du 8 mars l'article suivant intitulé « le Châtiment ». Nous croyons utile d'en citer les passages principaux.*

Les maîtres officiels de la jeunesse sont de plus en plus contraints d'enseigner la bonne doctrine laïque et républicaine. Les manuels scolaires sont soigneusement expurgés et remaniés. Il y a partout dans la moindre sous-préfecture et jusque dans le plus petit village, des gardiens vigilants et rigides de l'orthodoxie libre penseuse. L'école paraît être entre les mains de ceux qui nous gouvernent un bon instrument de domination.

Et cependant, jamais peut-être l'idéal démocratique et républicain n'a subi une telle crise. Non seulement le « mauvais esprit » pousse évidemment toujours les gamins turbulents et irrévérencieux à prendre le contre-pied des enseignements sentencieux de leurs pédagogues, mais dans les milieux plus élevés où l'on se pique de savoir penser et de se dégager des empreintes communes et sottes, dans les hautes classes des lycées, dans les Facultés, on traite avec le plus irrévérencieux mépris les vieux bateaux républicains. La vaine phraséologie révolutionnaire fait hausser les épaules des gens instruits et avisés. On la considère volontiers comme des oripeaux de foire peu dignes de revêtir une pensée sérieuse et qui se respecte. Ce qui plaît, ce qui est à la mode, c'est l'intellectualisme néo-monarchiste ou syndicaliste. On n'attache quelque prix qu'aux exercices cérébraux de M. Maurras ou de M. Sorel.

Cette république radicale et jacobine qui semble aujourd'hui avoir tout : une clientèle asservie, des places à prodiguer, des adversaires maladroits qui servent ses desseins, une sécurité incroyable dans un triomphe chaque jour plus facile paraît absolument impuissante à se faire aimer, je ne dirai pas même de la France, mais bien de ceux qu'elle comble de ses bienfaits. Il y a beaucoup de braves gens qui se feraient casser la figure pour Napoléon Ier, — bien qu'il soit mort depuis longtemps déjà à Sainte-Hélène, — pour le général Boulanger, pour un « Blanc d'Espagne » quelconque, pour la Révolution, pour l'Anarchie, pour l'Antisémitisme, pour n'importe quoi : il n'y a pas un seul pauvre petit misérable blocard qui aime le Bloc d'un « amour parfait » comme on dit en théologie, c'est-à-dire sans y être déterminé par la crainte du châtiment ou l'espoir de la récompense.

Cela est curieux et ne peut laisser que d'aboutir à de singulières conséquences. On sera donc républicain gouvernemental pour avoir une place ou pour la garder, pour ne pas nuire à l'avenir des membres de sa famille ou même simplement parce qu'on a la pudeur de ne pas afficher au dehors des opinions personnelles. Mais dans l'intimité de sa propre conscience, voire même dans le cercle restreint de la vie privée ou encore, si l'on a le loisir d'étudier librement, dans les livres que l'on fera, dans les observations que l'on consignera scientifiquement, on se dédommagera terriblement de cette contrainte momentanée. Personne ne sera assez niais pour continuer sans y être forcé les génuflexions d'un culte suranné, alors que la foi est morte au fond du cœur.

Voilà le véritable danger, le seul que court la République en France. Ce n'est pas le gouvernement de la République qui est menacé, pour le moment : c'est la foi républicaine et cela est beaucoup plus grave.

Nous ne lui faisons pas dire, citoyens !

Mais que devient alors l'évolution — fait — la plus certaine des réalités, — et l'évolution — idée — la plus brillante et la plus séduisante des attractions intellectuelles? La République ne se fait donc plus tout de suite ? La démocratie ne « devient » plus d'un irrésistible et fatidique « nisus » ?

Le prophète Sangnier en est réduit à ramasser les morceaux de l'idole en se demandant pourquoi ils ne tiennent plus :

Pourquoi en est-il, ainsi? Pourquoi les vieilles barbes de 48, les glorieux aïeux de 89 semblent-ils des pièces rares de musée rétrospectif? Parce que tout simplement on n'a conquis que des formes extérieures, que des constitutions, que des droits électoraux; on ne s'est pas haussé jusqu'aux vertus républicaines. On a brisé le lien sacré des héroïques traditions qui tiraient la patrie à travers tous les siècles de son histoire vers les sublimes destinées d'une Démocratie fraternelle...

Et voilà pourquoi il est évident que l'avenir doit promptement échapper aux maîtres du présent.

Ceux-ci n'ont pas compris que la République est comme le disait Jaurès « un grand acte de confiance » : et ceux mêmes qui s'en sont rendu compte ne se sont pas attachés à découvrir la source morale et religieuse des indispensables énergies. Ils ont trouvé plus commode d'ignorer, de mépriser tout cet idéalisme gênant. Ils ont permis aux réactionnaires de revendiquer pour eux tout seuls les fortes traditions nationales de la race. Ils ont accepté qu'on fît au nom de la Republique la guerre au catholicisme et au nom du catholicisme la guerre à la République. Leur regard myope ne s'est pas élevé au-dessus d'une pitoyable tactique qui ne pouvait remporter que des victoires sans lendemain, misérables triomphes, impuissants à développer dans un seul cœur le moindre élan d'amour et d'enthousiasme.

Aujourd'hui, ils sont écrasés sous le poids même de leur succès. La France leur appartient et ils ne comprennent pas la France. Ils ressemblent à un paysan illettré qui aurait hérité d'une bibliothèque et qui, à peine capable d'admirer les reliures, ne saurait pas déchiffrer une ligne d'un seul livre.

Sans doute, nous avons bien, nous autres, le droit d'affirmer qu'il y a encore dans notre pays des républicains fidèles et passionnés, capables de donner leur vie à la cause sacrée de la Démocratie. Nous les connaissons bien ceux-là, mais ils ne se prélassent pas dans les ministères et le christianisme qui les inspire semble aux gouvernants la plus dangereuse des conspirations contre la médiocrité de cœur et d'esprit, qui est pour beaucoup la seule forme de neutralité admise encore aujourd'hui.

Les républicains triomphants, satisfaits et nantis n'ont pas été cependant capables, il faut bien le reconnaître, de donner à la France une République digne d'être aimée. Ils sont les maîtres, c'est vrai, mais non pas des consciences et des cœurs. Ils ont beau couvrir le pays de leurs fonctionnaires : à travers les mailles de ce filet, s'échappent toujours librement vers le ciel les fortes aspirations d'une patrie qui ne tient même pas compte d'eux lorsqu'elle cherche à découvrir la bonne route de l'avenir réparateur.

La République présente n'est pas digne d'être aimée. Les nouvelles générations se désintéressent de la République future. Elle se réfugie chez quelques troglodytes anciennement affiliés au Sillon.

C'est là leur châtiment.

Marc Sangnier.

LE GÉNÉRAL DE BUTLER.
1839-1907.

La fin de l'année 1907 a vu s'éteindre, au manoir de Kermaria, dans l'Aveyron, le général de brigade de cavalerie Jean-Raymond, vicomte de Butler.

Dire la carrière de ce brillant cavalier, de cet officier de vieille race, serait écrire l'histoire de notre cavalerie depuis un demi-siècle.

Passionné de son métier, convaincu du grand rôle que son arme aurait à jouer dans une guerre moderne, il n'est resté étranger à aucun des progrès réalisés depuis 1870.

Dès cette époque, il avait senti que les mouvements de la cavalerie devaient s'affranchir du formalisme qui les enserrait et qui leur défendait cette rapidité d'exécution qui en assure le succès.

Le 16 août 1870, sur le champ de bataille de Rezonville, il avait été frappé du temps qu'avait mis son régiment, le 12ᵉ Dragons, pour se porter à la rencontre de la brigade ennemie du général Bredow. Les mouvements carrés, l'obligation de respecter l'ordre des unités ne satisfaisaient pas ce cavalier au coup d'œil sûr, à la décision rapide.

Aussi vit-il avec satisfaction paraître le règlement du 17 juillet 1876. Il fut frappé de la justesse et de l'élévation des idées contenues dans le rapport qui précédait ce règlement. Ces belles pages de littérature militaire dues à l'âme de soldat et à la plume d'écrivain du général du Barail avaient fait vibrer sa nature d'élite, son tempérament de cavalier. Il s'était fait l'apôtre des doctrines contenues dans le rapport et se plaisait à en répéter certaines formules dont il avait pénétré toute la vérité. C'est ainsi que, colonel et général de brigade, il disait souvent à ses officiers : « Je livre à vos réflexions cette phrase du règlement : *Toutes les pratiques de l'état de paix doivent être des enseignements pour l'état de guerre.* Méditez-la et qu'elle vous guide dans l'instruction que vous donnerez à vos cavaliers. »

« C'est à la troupe à venir au chef », disait-il : « celui-ci a les préoccupations de l'adversaire sur lequel il marche, du combat qu'il va engager. Il n'a ni le temps, ni la liberté d'esprit nécessaire pour aller prendre devant son unité la place que lui assigne le règlement. Cette unité, qui est restée en ordre ployé aussi longtemps que la chose a été possible, afin de pouvoir manœuvrer, doit ÉCLATER en bataille. Il n'y a qu'un moyen pour atteidre ce but : la formation en éventail derrière le chef. »

Aussi, dès 1892, le colonel de Butler avait-il adopté cette façon de faire au 10e Dragons. Et, bien que le procédé ne fût pas réglementaire, les résultats qu'il donnait étaient si probants que les généraux Jacquemin et de Kermartin, inspecteurs successifs du 6e arrondissement, étaient contraints de l'approuver.

Il faut reconnaître que le 10e Dragons avait belle allure lorsque, ayant à sa tête son colonel à la silhouette élégante, au profil de Gaulois, il se déployait en éventail au galop allongé sur un geste de ce colonel affectionné de tous.

Plus d'unité base de formation, mais un chef vers lequel accouraient en bon ordre des escadrons souples et dévoués.

C'était un beau spectacle militaire. Il n'eut cependant pas le don de plaire à tous et certains officiers généraux, se retranchant derrière le règlement, ne voulurent pas l'approuver. Leur sanction fut l'opposé de celle des généraux Jacquemin et de Kermartin.

Aussi que de luttes le colonel de Butler dut-il soutenir pour continuer à appliquer ses procédés !

Il ne se lassa pas, sachant qu'il pouvait compter sur l'affection de ses cavaliers et de ses officiers. Ceux-ci donnaient avec joie leur labeur à ce colonel aimé pour lequel ils auraient été heureux de donner aussi leur sang. Cette affection dévouée, le colonel de Butler la rendait avec usure à son régiment, « à son cher 10e Dragons » dont il parlait avec émotion quelques heures avant de mourir.

Nommé général de brigade, cet instructeur admirable sut montrer qu'il possédait aussi les qualités du manœuvrier, de l'homme d'action. Il eut la satisfaction d'assister à l'apparition et à la mise en vigueur du règlement du 12 mai 1899, de ce règlement qu'il avait préparé, qui était un peu son œuvre. Ses procédés y étaient adoptés, mais avec quelques modifications qui leur ôtaient de leur valeur.

Il a fallu les temps troublés que nous traversons pour que « ce soldat, qui avait donné sa vie à l'ar-
« mée, dont le loyalisme jamais démenti avait suc-
« cessivement traversé tous les régimes, sans les
« apercevoir, parce qu'il avait simplement *servi*
« comme *servirent* tous ses ancêtres », n'ait pas la satisfaction de voir une troisième étoile briller sur la manche de sa tunique de général. Sa carrière a été belle et il a pu quitter la vie avec la conscience du devoir accompli brillamment.

Entré à Saint-Cyr le 2 novembre 1859, il en sortait en 1881. Nommé sous-lieutenant au 12e Dragons, lieutenant le 14 août 1867, la déclaration de guerre de 1870 le trouva faisant à Saumur son cours d'instruction. Il est promu capitaine le 16 juillet 1870 et va rejoindre son régiment à l'armée du Rhin.

Il comptait à l'un des deux escadrons du 12e dragons qui prirent une part glorieuse à la bataille de Forbach. Dans la charge vigoureuse poussée par ce régiment dans la matinée du 6 août, son capitaine commandant est tué ; il prend le commandement de son escadron.

Le lieutenant-colonel Dulac reçoit l'ordre de faire une reconnaissance sur la route de Sarrelouis où l'on signale des forces ennemies. Il part avec deux escadrons dont celui du capitaine de Butler. Il se trouve bientôt en présence de quatre régiments d'infanterie, un régiment de uhlans et plusieurs pièces de canon. Ne pouvant tenir contre ces forces, il se retire lentement jusqu'aux retranchements élevés sur le Kaninschenberg par le 55e de ligne et fait mettre pied à terre. C'est là qu'avec l'aide de la 1e compagnie du génie de la 1re division il soutient l'attaque pendant plus d'une heure. Enfin, après épuisement des cartouches, il fait remonter à cheval, pousse une charge des plus brillantes et conserve jusqu'à la nuit la position qui lui était confiée.

Le 16 août, c'est Rezonville, cette journée de combats glorieux pour les cavaleries française et allemande.

Le 12e Dragons prend sa part dans cette épopée rapide, dans cette mêlée héroïque dont il a été dit : « *Ce fut pendant vingt minutes, sur ce terrain de quelque cents mètres de large, ce fut une épouvantable mêlée de chevaux bondissants,*

*blessés ou tués, d'hommes en proie à cette
ivresse mystérieuse, à cette folie héroïque, à
cette rage sacrée, que donnent les mille bruits du
combat, les cliquetis du fer sur le fer, l'odeur
de la poudre, la vue du sang, les camarades
tombés, les cris des blessés, l'amour de la Patrie,
la haine de l'ennemi. Rage, folie, ivresse qui
fait du soldat dans la mêlée quelque chose
comme une sublime machine à tuer. »*

Ensuite c'est le blocus sous Metz. Enfin la capitulation et la captivité.

Le 12 septembre 1870, le capitaine de Butler
était nommé adjudant-major. Du 6 novembre 1870
au 29 mars 1871, il restait en captivité à Schleswig.
Enfin la tourmente s'apaise, la France se reprend,
l'armée se recueille et travaille pour la revanche.
Le capitaine de Butler travaille, lui aussi, il s'ef-
force de faire des jeunes officiers de son régiment
des chefs accomplis.

Le dévouement et l'intelligence qu'il apporte
dans les cours qu'il leur professe lui vaut en 1873
une citation au journal militaire.

Il est nommé major à Bône au 10° Hussards le
17 novembre 1878 et chef d'escadrons au 11° Cui-
rassiers le 8 juin 1882.

Le 29 décembre 1885, il est affecté comme
lieutenant-colonel au 6° Hussards. Il est chargé
par le ministre de la guerre d'accompagner les
officiers étrangers aux manœuvres de 1886, à la
fin desquelles le général Boulanger prononça le
fameux discours qui fut considéré par une partie
de l'opinion publique comme une provocation
pour l'Allemagne.

Nommé au commandement du 5° Chasseurs

d'Afrique le 12 octobre 1889, il est promu colonel le 15 avril 1890 et conserve son régiment.

Placé à la tête du 10ᵉ Dragons le 29 décembre 1890, il y demeure jusqu'au 18 Mai 1895, époque à laquelle il est nommé général de brigade et affecté à la brigade de cavalerie du 16ᵉ corps.

Le 20 octobre 1897, il est appelé au commandement de la brigade de cavalerie du 5ᵉ corps.

La limite d'âge l'y atteint le 11 janvier 1901. Il passe à cette date dans le cadre de réserve et l'inflexible loi « réduit presqu'à l'impuissance « une énergie toujours intense, une virilité toujours jeune ».

Le général de Butler était commandeur de la Légion d'honneur, commandeur de l'ordre de Takovo, grand-officier de l'ordre de Danebrog.

Telle a été la vie militaire du général de Butler.

« Elle fut belle comme une chanson de geste, « droite et claire comme une lame d'épée, simple « et loyale comme son âme de breton et de gen- « tilhomme. »

Elle peut servir de modèle aux générations d'officiers qui consacrent leur existence à l'armée, à la France et auxquels on peut dire : Faites comme lui, vous ferez bien ! —

✱ ✱

L'abondance des matières nous oblige à renvoyer au prochain numéro la Chronique des Livres, par Jacques Bainville.

Le Gérant : HENRI VAUGEOIS.

PARIS — IMPRIMERIE LEVÉ, RUE CASSETTE, 17.

ngramcontent.com/pod-product-compliance
ing Source LLC
gne TN
7020842200726
08LV00003B/1044